人工智能重大应用场景丛书

丛书主编　薛澜

人工智能
+
政务服务与社会治理

Artificial Intelligence plus Public Services and Social Governance

吴培熠　编著

中国发展出版社
CHINA DEVELOPMENT PRESS

图书在版编目（CIP）数据

人工智能＋政务服务与社会治理 / 吴培熠编著. 北京：中国发展出版社，2025. 7（2025. 11 重印）. -- （人工智能重大应用场景丛书 / 薛澜主编）.

ISBN 978-7-5177-1492-7

Ⅰ. D63-39

中国国家版本馆 CIP 数据核字第 2025UR5365 号

书　　名：人工智能+政务服务与社会治理
著作责任者：吴培熠
责 任 编 辑：耿瑞蝶
出 版 发 行：中国发展出版社
联 系 地 址：北京经济技术开发区荣华中路22号亦城财富中心1号楼8层（100176）
标 准 书 号：ISBN 978-7-5177-1492-7
经　销　者：各地新华书店
印　刷　者：北京富资园科技发展有限公司
开　　本：710mm × 1000mm　1/16
印　　张：11.25
字　　数：220千字
版　　次：2025 年 7 月第 1 版
印　　次：2025 年 11 月第 3 次印刷
定　　价：78.00元

联 系 电 话：（010）68990635　68990625
购 书 热 线：（010）68990682　68990686
网 络 订 购：http://zgfzcbs. tmall. com
网 购 电 话：（010）88333349　68990639
本 社 网 址：http://www.develpress. com
电 子 邮 件：17398950869@163.com

“人工智能重大应用场景丛书”

联合编写单位

清华大学人工智能国际治理研究院
人工智能治理研究中心（清华大学）
清华大学中国科技政策研究中心
清华大学科技发展与治理研究中心
中国投融资担保股份有限公司
中国移动通信集团有限公司
杭州市萧山区之江智慧场景研究中心
杭州市石虎山机器人概念验证中心

总序 PREFACE

自2022年底ChatGPT横空出世以来，人工智能技术发展进入快车道，推动人类文明迈入新阶段。然而，科学技术是一把“双刃剑”，它既为增进人类福祉提供了无限可能，又给人类文明带来了严峻挑战。如何推动技术的高水平安全应用，使人工智能大模型加快落地，实现科技创新和产业创新互融互促，是当前需要解决的关键问题。

我国高度重视人工智能的发展和应用。习近平总书记强调，人工智能是引领这一轮科技革命和产业变革的战略性技术，具有溢出带动性很强的“头雁”效应。我们要深入把握新一代人工智能发展的特点，加强人工智能和产业发展融合，为高质量发展提供新动能。要加强人工智能同保障和改善民生的结合，从保障和改善民生、为人民创造美好生活的需要出发，推动人工智能在人们日常工作、学习、生活中的深度运用，创造更加智能的工作方式和生活方式。① 2024年政府工作报告提出，深化大数据、人工智能等研发应用，开展“人工智能+”行动。在地方层面，各地发布新政，挖掘人工智能应用潜能。北京市于2024年7月26日发布了《北京市推动“人工智能+”行动计划（2024—2025年）》，提出围绕机器人、教育、医疗、文化、交通等五大领域打造标杆应用，率先建设AI原生城市，推动北京市成为具有全球影响力的人工智能创新策源地和应用高地。2024年7月30日，深圳市发布了《深圳市加快打造人工智能先锋城市行动方案》，提出深化全域全时全场景应用，打造场景应用先锋。

人工智能作为重要的前沿引领技术和颠覆性技术，其发展会为经济社会带来巨大收益②。一方面，人工智能可以给相关核心产业带来巨大的经济价值。人工智能复杂的产业链环节和极高的技术附加值赋予了相关核心产业巨大的市场前景。以中国为例，根

---

① 《习近平在中共中央政治局第九次集体学习时强调 加强领导做好规划明确任务夯实基础 推动我国新一代人工智能健康发展》，《人民日报》2018年11月1日。

② 以下内容部分节选自薛澜、王净宇：《人工智能发展的前沿趋势、治理挑战与应对策略》，《行政管理改革》2024年第8期。

据工业和信息化部统计，截至2023年，中国人工智能核心产业规模已经突破5000亿元，企业数量超过4500家。按照国务院《新一代人工智能发展规划》中的战略目标，到2030年，我国人工智能核心产业规模将超过1万亿元，带动相关产业规模超过10万亿元。在可见的将来，人工智能核心产业将在国民经济中扮演越来越重要的角色。另一方面，人工智能可以通过赋能千行万业催生新产业、新模式、新动能，助力解决可持续发展等人类共同面临的重要问题。根据《自然》杂志有关论文测算，在联合国提出的17个可持续发展目标的169个细分项目中，人工智能可以对其中的134个产生积极作用，占比达到79%①。中国在《全球人工智能治理倡议》中提出积极支持以人工智能助力可持续发展，应对气候变化、生物多样性保护等全球性挑战，充分阐释了人工智能协助人类推动可持续发展的巨大潜力。

由于人工智能技术具有巨大的影响力和外部性，其在带来发展收益的同时，也会带来不容忽视的安全风险。

第一，人工智能技术本身可能产生技术幻觉、算法歧视甚至技术失控等内生风险。在人工智能的智能化水平较低的阶段，我们只要“拔掉插销”就可以阻止其风险；但是随着人工智能技术进步，当其智能化水平达到一定程度时，有可能表现出伪装的倾向。当其对脱离人类控制具有很高的把握时，人工智能系统很可能展现出“硬币的另外一面”，而此时再“拔掉插销”恐怕已难以起到作用。第二，人工智能技术的大规模普及可能产生误用、滥用、恶用等应用风险。人工智能作为一种重要的通用性、基础性工具，一旦遭到误用、滥用，极有可能造成数据泄露、深度伪造、恐怖主义、技术军事化等风险。第三，人工智能技术变革的颠覆性影响引发劳动力结构调整、社会不平等加剧等经济社会风险。人工智能不同于以往历次科技革命和产业变革中的技术创新，其发展不仅可以

---

① Vinuesa R, Azizpour H, Leite I, et al. “The Role of Artificial Intelligence in Achieving the Sustainable Development Goals”, *Nature Communications*, 2020, 11(1): 233.

拓展人类的生产能力、取代简单重复的常规工作，还可通过学习执行更多认知性工作，在一定程度上超越作为人类改造世界的工具和手段的范畴，具有以全新方式替代人类劳动的潜质。

综合人工智能发展的前沿趋势及其产生的收益和风险来看，目前人工智能治理主要存在以下难点与挑战。一是技术发展和技术治理不同步。在人工智能基础研发、产业应用共同加速的背景下，人工智能的发展同时具有快速迭代和不可预测的特征，对治理系统与技术系统的同步演进提出了巨大挑战。一方面，人工智能技术的迭代速度超出人类预期，现有治理系统的演进速度难以追上技术系统发展的步伐。另一方面，人工智能技术的智能涌现具有不可预测性，治理系统很难准确预判人工智能的发展及其复杂的经济社会影响。二是监管者和被监管者信息不对称。当前技术创新和产业应用的联系空前紧密，产业界已经成为推动人工智能发展的主要力量。然而，监管者很难准确掌握技术发展的实时动态，被监管者很难明确监管者的治理目标，监管者和被监管者之间不断扩大的信息盲区构成了人工智能治理的又一难点。三是风险防范成本和效益不对等。人工智能的通用性和易得性使其潜在风险几乎无处不在，极大增加了风险防范的社会成本。全面防范人工智能带来的安全风险需要耗费大量的公共资源，甚至以部分牺牲人工智能发展为代价。如何在高昂的风险防范成本、巨大的潜在风险损失、不断增大的风险概率之间权衡，是监管者必须面对的重要考验。四是机制复合体治理不协调。人工智能治理是一个涉及法律法规、行业标准、国际协调的复杂系统，需要不同国家、国际组织、相关企业的共同参与。然而不同主体在治理理念、关注议题、治理偏好、治理能力上存在差异，导致人工智能国际治理呈现出嵌套、重叠、平行的碎片化局面，存在合理性、公平性、有效性等一系列治理赤字。如何协调相互重叠、不同层次、不同诉求的参与主体，建立受到广泛认可的人工智能全球治理机制复合体，也是人工智能治理面临的重要挑战。五是地缘政治环境不稳定。人工智能作为颠覆性的前沿技术，是大国博弈的关键领域。大国战略竞争加剧地缘政治复杂性，部分国家甚至以意识形态划线或构建排他性集团，恶意阻挠他国人工智能发展，利用技术垄断和单边强制措施制造发展壁垒，恶意阻断全球人工智能供应链，不但阻碍全球人工智能发展，对人工智能治理也产生了负面影响。

面对人工智能带来的挑战，我国的人工智能治理机制不断完善，具有多元主体、多维共治、多种工具、敏捷协同特征的中国特色人工智能治理体系初见雏形。在当前治理机制的基础上，我国应进一步完善人工智能治理体系、建立人工智能安全监管制度，以更好应对人工智能快速发展带来的风险挑战。

第一，加大人工智能安全领域的研发投入，加快人工智能安全治理能力建设。为了确保人工智能系统安全、可靠、可控，要对人工智能模型进行严格的能力评估、对齐训练和红线测试，并对各类潜在风险进行及时的评估、追踪、识别、防范和响应，这些工作都需要大量的技术储备和研发投入。目前，产业界和学术界过多关注提高人工智能系统能力的科技创新，对于人工智能安全和治理领域的研究相对不足。针对这一现象，包括图灵奖得主姚期智等、诺贝尔奖得主丹尼尔·卡尼曼及清华大学文科资深教授薛澜等学者在《科学》杂志联名发声，呼吁至少将研发预算的1/3 投入人工智能安全研究①。中国可以在建立未来产业投入增长机制的过程中，通过提高研发费用加计扣除比例等方式，鼓励和要求大型科技公司在生成式人工智能等前沿人工智能技术开发中围绕风险防范问题提高研发投入；在建立科技发展、国家战略需求牵引的学科设置调整机制和人才培养模式中重点加强人工智能安全和治理领域的人才培养，为人工智能安全监管和稳定发展提供人力基础。

第二，建立审慎包容、分级分类的人工智能安全监管制度，通过敏捷治理摆脱治理困境。鉴于人工智能的发展趋势和技术特性，当下很难确定其演变、用途、风险、回报，因而难以提前明确监管对象和监管内容，相关治理只能在监管互动中前行。在此

---

① Bengio Y, Hinton G, Yao A, et al. "Managing Extreme AI Risks Amid Rapid Progress", *Science*, 2024,384(6698), 842–845.

过程中，政府监管部门可以采用敏捷治理的基本理念，推动人工智能技术发展的利益相关方形成持续性的共同学习和探索机制，根据前沿人工智能发展及其带来的收益风险及时调整治理对象和内容，采用分级分类、监管沙盒等方式，通过治理结构、治理策略、治理工具的灵活创新应对人工智能治理和监管的挑战。

第三，重视企业科技创新主体地位，鼓励行业和企业层面的自我规制。面对人工智能技术的快速迭代，一方面，政府部门可以通过制定随模型能力变强而更加严格的安全标准、要求企业对人工智能系统造成的可预防伤害承担责任等措施加强外部规制；另一方面，产业界作为当前人工智能科技创新最重要的推动力量，需要在人工智能的治理和监管框架中发挥重要作用。政府部门可以在外部监督的基础上，激励引导行业组织和经营主体发挥自律作用，通过行业标准、企业规范等被监管者内部的自我规制解决人工智能领域日益突出的发展治理同步性问题和外部规制信息不对称问题。

第四，依托多边平台，参与、引领人工智能全球治理。人工智能治理具有极强的外部性，攸关全人类命运，是世界各国亟须共同应对的重要挑战，积极参与人工智能全球治理是中国引导人工智能健康有序发展的基础和前提。面对协调机制复合体的治理难题，中国可以重点选择在联合国框架内加强人工智能治理协作和标准塑造，以能力建设为抓手推动构建开放、公正、有效、具有广泛共识的人工智能治理框架和标准规范。

第五，完善双边对话机制，加强与主要人工智能大国的政策沟通。引领全球人工智能发展和治理的主要大国的竞合关系不仅事关双边关系大局，还会对全球人工智能治理成效甚至人类命运产生重要影响。面对大国竞争等地缘政治因素干扰，中国可以基于中美元首旧金山会晤共识，在保持中美政府间人工智能对话的同时，积极推动中美科学界、产业界之间的二轨对话，围绕设置安全红线、防范极端风险、推进全球治理等双方共同关切的问题加强对话、管控分歧、拓展合作，努力在大国战略竞争的背景下实现人工智能发展和治理领域的大国协调。

清华大学人工智能国际治理研究院（以下简称“研究院”），依托清华大学在人工智能与国际治理方面的积累和跨学科优势，面向人工智能国际治理重大理论问题及政策需求开展研究，致力于发挥全球学术影响力和政策引领作用，为中国积极参与人工智能国际治理提供智力支撑。研究院自成立以来，主动肩负社会责任，承担了国家“科技创新 2030—重大项目”等，发布了一系列研究报告，向国家有关部门提交了一批政策建议，连续主办的人工智能合作与治理国际论坛已成为该领域的重要平台，取得了可喜的研究成果。

为响应“人工智能+”行动，推动人工智能高效赋能千行百业，2024 年 6 月，研究院着手组织牵头“人工智能重大应用场景丛书”研究和编写工作；2024 年 7 月 4 日，在研究院承办的“2024 世界人工智能大会·人工智能前沿技术的治理挑战与应对论坛”上，研究院联合中国发展出版社、中国移动集团、中国投融资担保股份有限公司、中国电信研究院、阿里巴巴集团、华信永道、华为战略研究院、之江智慧场景研究中心等机构，正式启动了中国人工智能重大应用场景白皮书研究暨“智能向善”全球伙伴计划。“人工智能重大应用场景丛书”选取金融、教育、政务、医疗、交通、物流、制造、文旅、能源、农业等 10 余个典型场景，面向全社会公开征集案例，遵循“权威性、实用性、创新性、代表性”的原则对案例进行严格筛选，形成集理论与实践于一体的系列丛书，为实现人工智能“善治”与“善用”提供工具性参考。

凡益之道，与时偕行。我们愿与各界同人进一步加强交流，深化合作，共同推动人工智能的健康发展，共同维护人工智能的安全，赋能人类共同的未来！

薛澜

清华大学文科资深教授

清华大学苏世民书院院长

清华大学人工智能国际治理研究院院长

2025 年 6 月

前言
FOREWORD

人工智能作为第四次工业革命的重要驱动力，正在为实现“公共部门即平台”的愿景提供强有力的支持，同时也推动了公共部门的数字化与智能化转型。随着数据量的迅猛增长和技术基础的不断夯实，人工智能正日益成为提高公共部门治理效率、增加公共价值的核心工具。

在政务服务和社会治理两个关键领域，人工智能的深度应用为政府决策、公共服务及社会治理的智能化转型提供了广阔的发展空间。这种融合正在引领政务服务模式和社会治理形式的全面优化与创新。通过人工智能技术，政务服务的效率和质量得到了显著提升，包括增加信息透明度、促进跨部门协作、完善民主监督机制以及支持科学决策等方面的进步。同时，人工智能也在推动社会治理创新发展，表现为实现治理的协同化和整体化。

《人工智能+政务服务与社会治理》包括上下两篇。其中，“上篇　理论框架”共包括六章内容，主要介绍了“人工智能+政务服务与社会治理”的基本内涵和重要性、典型应用场景、关键技术、数据要素、产业生态体系以及人工智能在政务服务和社会治理领域的推广策略与实施路径。“下篇　典型案例”主要分为政务服务、社会治理和政府运行三大板块，生动展示11个经典案例，通过数据和事实，重点展示案例概况、应用亮点、成效突破、效益分析等方面内容。

本书以数字化、智能化转型为背景，重点关注新一代人工智能在政务服务与社会治理场景中的影响与挑战，进而提出针对相应场景的应对策略与治理手段，最终为“人工智能+政务服务与社会治理”的不同利益相关者提供有价值的决策参考。

为确保本书内容的真实性、典型性和可读性，工作组在理论梳理、实地调研、撰写成稿等多个环节进行了系统性工作与持续努力。本书特别聚焦于人工智能大模型技术在政务服务与社会治理中的新功能、新场景、新案例。自2024年6月起，工作组深入人工智能大模型相关的政府部门和企业机构，采用线上与线下相结合的方式，开展调研、访谈和资料整理工作。首先，针对不同类型的典型案例进行了预调研，从数据使用、场景创新等维度进行了系统梳理，并据此设计了本书的内容框架。然后，通过公开征集、邀请相关部门和企业负责人参与撰写等方式，进一步丰富案例来源，提炼人工智能在政务服务与社会治理领域中的新观点、新思路、新发现，增强内容的实践支撑力与现实针对性。最后，对部分关键案例进行了回访调研与持续跟踪，确保所选案例的真实可靠与代表性，进一步夯实本书的质量基础。调研结束后，工作组将大量一手、专业的调研资料转化为具备理论高度且通俗易懂的文本，并在此基础上反复修改与完善，经过多轮审校，最终完成定稿。

本书由清华大学人工智能国际治理研究院（人工智能治理研究中心）牵头和协调，之江智慧场景研究中心进行业务指导，北京航空航天大学人文社会科学学院（公共管理学院）吴培熠具体策划和执行。

“上篇　理论框架”作者为吴培熠。“下篇　典型案例”作者分别为：华信永道“智道奇点 SagesrvGLM”大模型打造政务服务新质生产力，陶海青、王弋、冯洋；浦东新区率先探索“政务智能办”实现企业办事零材料填报、一次办成，吴培熠、朱鹏、张丽丽；中科大脑接诉即办智能问数大模型打造智能办公新模式，吴培熠、张慧芳、申红梅；绍兴市越城区基层社会整体智治平台赋能基层社会治理，陶海青、何李宜；云天励飞智慧治理服务平台实时保障城市治理与社会服务，陶海青、徐嘉；“社区通 + 小鲸 AI”加强社工队伍建设，助力基层治理，吴培熠、唐益儒、徐育祺；腾昕科技“家庭警察”AI 系统打造网上“枫桥经验”新样板，吴培熠、蒋守滨、李鹤；汇信科技“法智通 · 行业专家大模型体系”助力综合监管提质增效，陈晶、刘杨、李沁远；启明星辰“安星智能体”智慧防御守护网络安全，张峰、李照雷、周涛、王光涛；瑞莱智慧“政策大模型”助力政策“研究—制定—触达”质效提升，张伟强、于慧敏、林心仪；奇安信“QAX-GPT 安全机器人”助力长沙数字城市安全运行，黄传明、李从宇、赵凯悦。

本书的案例征集离不开各级政府机构、企业、专家和专业人士的大力支持。之江智慧场景研究中心陶海青主任提供了业务指导并推荐了多个案例；上海市浦东新区行政服务中心蒋红军主任贡献了很多原创想法；上海鲸邻信息科技有限公司焦钢董事长多次参与案例研讨；中国移动通信集团有限公司从案例推荐到写作给予了大力支持；北京瑞莱智慧科技有限公司、中关村科学城城市大脑股份有限公司和华信永道（北京）科技股份有限公司分享了大模型最新的应用场景和治理挑战；奇安信科技集团股份有限公司、启明星辰信息技术集团股份有限公司和杭州汇信科技有限公司介绍了大模型在安全和综合监管领域发挥的作用；绍兴市越城区人民政府、深圳云天励飞技术股份有限公司和杭州腾昕信息技术服务有限公司的相关负责人分享了人工智能在基层治理中的重要应用。同时，衷心感谢所有参与过交流调研的组织机构，感谢相关部门在案例撰写中的积极参与和大力支持，感谢中国科学学与科技政策研究会前沿科技与产业创新治理专业委员会（筹）对本书编写工作的指导。

梁正

清华大学公共管理学院教授

清华大学人工智能国际治理研究院副院长

清华大学人工智能治理研究中心主任

清华大学中国科技政策研究中心副主任

中国科学学与科技政策研究会常务理事、专业委员会主任

2025 年 6 月

目录

CONTENTS

上篇 理论框架

下篇 典型案例

第十三章 腾昕科技“家庭警察”AI 系统打造网上“枫桥经验”新样板

第十四章 汇信科技“法智通·行业专家大模型体系”助力综合监管提质增效

第十五章 启明星辰“安星智能体”智慧防御守护网络安全

第十六章 瑞莱智慧“政策大模型”助力政策“研究—制定—触达”质效提升

第十七章 奇安信“QAX-GPT 安全机器人”助力长沙数字城市安全运行

后记

上篇

理论框架

第一章 “人工智能 + 政务服务与社会治理”概述

一、“人工智能 + 政务服务与社会治理”的基本概念

在 2024 年世界人工智能大会暨人工智能全球治理高级别会议上发布的《人工智能全球治理上海宣言》指出，应在全球范围内加速推进人工智能技术在各领域的研发与创新，以全面提升人类生活质量与工作效率。该宣言特别强调，人工智能应被积极用于增进社会福祉，在医疗、教育、养老等公共服务与社会治理领域发挥关键作用。在我国加快发展新质生产力的时代背景下，数字政府作为适应经济社会数字化、网络化、智能化深度变革的全新政府形态，正在成为推动国家治理体系和治理能力现代化的战略引擎。数字政府不仅关乎政务流程的技术升级，而且承载着提升国家治理效能、优化公共服务供给、实现社会治理现代化的历史使命。从实际应用层面看，人工智能技术正在政务服务与社会治理多个环节深度嵌入，不断优化服务流程、提升决策效率和管理精准性。它不仅为政府提供了前所未有的技术支撑，更为推动政府职能从“管理导向”向“服务导向”转变提供了有力工具，成为驱动数字政府高质量发展的关键力量。

为抢抓人工智能技术发展与应用的战略机遇，加快推进政务服务与社会治理的数字化转型和智能化升级，我国相继出台了一系列政策文件与指导性措施，人工智能作为关键技术支撑和核心议题被多次重点强调（见表 1–1）。早在 2017 年，国务院印发的《新一代人工智能发展规划》就提出构建开放协同的人工智能科技创新体系、培育高端高效的智能经济、建设安全便捷的智能社会、构建泛在安全高效的智能化基础设施体系、前瞻布局新一代人工智能重大科技

项目等重点任务。

表 1-1　国家层面与人工智能相关的政策

发布单位	政策	发布时间	相关内容
2024 世界人工智能大会	《人工智能全球治理上海宣言》	2024 年 7 月	强调国际社会需共同努力，确保人工智能技术的健康发展；鼓励人工智能在多个领域的研发和创新，以提高人类生活和工作质量；注重人工智能的伦理问题和安全挑战，提倡制定相应的规则和标准；强调数据安全和隐私保护的重要性，推动数据的合法和有序流动；重视人工智能领域的专业人才培养和国际交流；倡导建立全球治理机制，鼓励不同主体参与人工智能治理；利用人工智能技术提升社会福祉，特别是在医疗、教育和养老等关键领域
工业和信息化部、中央网信办、国家发展改革委、国家标准委	《国家人工智能产业综合标准化体系建设指南（2024 版）》	2024 年 6 月	以新发展理念为指导，统筹发展与安全，加快新型工业化赋能，完善标准工作顶层设计，强化全产业链标准协同
中央网信办、市场监管总局、工业和信息化部	《信息化标准建设行动计划（2024—2027 年）》	2024 年 5 月	提出了到 2027 年的目标，包括健全信息化标准工作机制、完善标准体系、提升标准研制与服务能力、增强国际标准贡献度和影响力
工业和信息化部、教育部、科学技术部等	《关于推动未来产业创新发展的实施意见》	2024 年 1 月	深入推进 5G、算力基础设施、工业互联网、物联网、车联网、千兆光网等建设，前瞻布局 6G、卫星互联网、手机直连卫星等关键技术研究，构建高速泛在、集成互联、智能绿色、安全高效的新型数字基础设施。引导重大科技基础设施服务未来产业，深化设施、设备和数据共享，加速前沿技术转化应用
工业和信息化部	《人形机器人创新发展指导意见》	2023 年 11 月	我国人形机器人产业前期已有一定基础，但在关键基础部件、操作系统、整机产品、领军企业和产业生态等方面仍存在短板弱项，需要加强政策引导、集聚资源，推动关键技术创新，培育形成新质生产力

续表

发布单位	政策	发布时间	相关内容
中央网信办	《全球人工智能治理倡议》	2023 年 10 月	强调全球合作、尊重国际法和人权、平等发展、风险管理、法律保障、伦理审查、公平非歧视、广泛参与等原则，旨在推动全球 AI 治理的健康发展
工业和信息化部、中央网信办、教育部等	《算力基础设施高质量发展行动计划》	2023 年 10 月	通过一系列具体措施，旨在推动算力基础设施的高质量发展、促进包括人工智能等产业快速发展。通过提升智能算力的比例和应用，加速算力与实体经济的融合，促进产业的转型升级和科技创新
国家网信办、国家发展改革委、教育部等	《生成式人工智能服务管理暂行办法》	2023 年 7 月	旨在促进生成式人工智能的健康发展和规范应用，维护国家安全和社会公共利益，保护公民、法人和其他组织的合法权益。这份办法的发布，标志着政府对生成式人工智能服务的监管框架进一步完善，旨在确保技术发展的同时，有效防范潜在风险，保护用户权益，维护社会秩序
国家网信办、工业和信息化部、公安部	《互联网信息服务深度合成管理规定》	2022 年 11 月	旨在加强对互联网信息服务中深度合成技术的管理，以维护国家安全和社会公共利益，保护公民、法人和其他组织的合法权益。这份规定的发布，体现了中国政府对互联网信息服务中深度合成技术应用的严格监管，旨在防止技术被滥用，维护和确保网络空间的秩序和安全
科技部	《科技部关于支持建设新一代人工智能示范应用场景的通知》	2022 年 8 月	首批示范应用场景包括智慧农场、智能港口、智能矿山、智能工厂、智慧家居、智能教育、自动驾驶、智能诊疗、智慧法院和智能供应链等十个领域
科技部、教育部、工业和信息化部等	《关于加快场景创新以人工智能高水平应用促进经济高质量发展的指导意见》	2022 年 7 月	以促进人工智能与实体经济深度融合为主线，以推动场景资源开放、提升场景创新能力为方向，强化主体培育、加大应用示范、创新体制机制、完善场景生态，加速人工智能技术攻关、产品开发和产业培育，探索人工智能发展新模式新路径，以人工智能高水平应用促进经济高质量发展

续表

发布单位	政策	发布时间	相关内容
国家网信办、工业和信息化部、公安部、市场监管总局	《互联网信息服务算法推荐管理规定》	2021 年 12 月	旨在规范互联网信息服务中的算法推荐活动，保护公民、法人和其他组织的合法权益，维护国家安全和社会公共利益，促进互联网信息服务的健康有序发展。这份规定的发布，体现了政府对互联网信息服务中算法推荐活动的重视，旨在通过法律手段规范行业行为，保护用户权益，维护网络空间的清朗
国家发展改革委、中央网信办、工业和信息化部、国家能源局	《全国一体化大数据中心协同创新体系算力枢纽实施方案》	2021 年 5 月	提出了一系列具体措施，旨在构建一个高效、绿色、安全的数据中心网络体系，以促进数据资源的流通应用和数字经济的高质量发展
国家标准化管理委员会、国家发展改革委、科技部等	《国家新一代人工智能标准体系建设指南》	2020 年 7 月	国家在人工智能领域政策导向的具体体现，有助于引导和规范人工智能产业的发展，促进技术创新，同时确保技术应用的安全性和伦理性。通过标准化工作，可以推动人工智能技术的成熟和广泛应用，为经济社会发展提供新的动力
国家新一代人工智能治理专业委员会	《新一代人工智能治理原则——发展负责任的人工智能》	2019 年 6 月	旨在为人工智能的发展提供治理框架和行动指南，更好协调人工智能发展与治理的关系，确保人工智能安全、可控、可靠，推动经济、社会及生态可持续发展，共建人类命运共同体
国务院	《新一代人工智能发展规划》	2017 年 7 月	从宏观层面分析了当下人工智能的发展现状、我国在人工智能领域所取得的成就及面临的问题，强调我国必须把人工智能发展放在国家战略层面系统布局，以有效保障国家安全。在此基础上，本规划发挥其作用与优势，明确提出“三步走”战略目标，对我国人工智能领域监管活动进行总体部署

资料来源：作者自制。

为响应国家加快人工智能发展的号召、构建高质量标准体系、推动技术进步和产业升级而制定的《国家人工智能产业综合标准化体系建设指南（2024 版）》，强调人工智能作为新一轮科技革命的驱动力，与实体经济深度融合，对建设制造强国和数字中国具有重要意义。为落实《"十四五"国家信息化规划》和《国家标准化发展纲要》的任务，由中央网络安全和信息化委员会办公室牵头发布的《信息化标准建设行动计划（2024—2027 年）》强调了信息化标准在推动网络强国建设中的重要性，行动计划的实施也将促进人工智能技术的发展和应用，特别是在数据资源和产业数字化等方面。

2024 年，工业和信息化部等部门发布《关于推动未来产业创新发展的实施意见》，要求推进新一代信息技术向交通、能源、水利等传统基础设施融合赋能，发展公路数字经济，加快基础设施数字化转型。同年，《政府工作报告》强调，深化大数据、人工智能等研发应用，开展"人工智能 +"行动。从"互联网 +"到"人工智能 +"，人工智能时代已经来临。"人工智能 +"行动的提出，表明人工智能作为赋能政务、社会治理、金融、医疗、交通等领域的数字基础设施，即将开启在各领域广泛应用的新篇章。

人工智能不仅是产业现代化的新一代增长引擎，更是国家治理体系和治理能力现代化的重要技术支撑，成为政务服务和社会治理智能化创新过程中必不可少的要素。2022 年，科技部发布的《科技部关于支持建设新一代人工智能示范应用场景的通知》明确提出可以探索人工智能技术在不同领域的应用潜力；同年 7 月，科技部等六部门发布了《关于加快场景创新以人工智能高水平应用促进经济高质量发展的指导意见》，旨在统筹推进人工智能场景创新，着力解决人工智能重大应用和产业化问题。人工智能与政务服务和社会治理之间有着高度的耦合性。一方面，人工智能为政务服务和社会治理提供了技术治理工具；另一方面，政务服务和社会治理为人工智能提供了实践场域和发展基础①。

关于政务服务，2019 年发布的《国务院关于在线政务服务的若干规定》

① 刘晓洋:《人工智能重塑政务服务流程的认知逻辑与技术路径》,《电子政务》2019 年第 11 期。

中指出，政务服务事项包括行政权力事项和公共服务事项。换言之，政务服务指的是各级政府、各相关部门及事业单位为企业及公民个人提供的行政权力事项和公共服务事项，在公众与政府之间，以行政许可、公共服务等政务服务事项需求为输入，按照申请、受理、审批和监督等管理流程的互动与转化，实现政务服务价值输出的管理过程。“人工智能 + 政务服务”则是在大数据、大算力、强算法等人工智能自身组成技术的基础上，结合互联网、区块链、元宇宙等其他数字化技术，实现对政务服务事项的深度融合，进而更好地为公众提供便民且智能化的政务服务。

关于社会治理，人工智能对提升治理能力和治理水平具有重要意义。社会治理是国家治理的根基，充分利用人工智能赋能社会治理，不断提高智能治理水平，是提升社会治理效能的题中之义。为了实现社会高效能治理，工业和信息化部等部门发布《算力基础设施高质量发展行动计划》，提出推动算力基础设施的发展，以助推产业转型升级、科技创新、满足人民美好生活需求。“人工智能 + 社会治理”就是运用物联网、大数据、机器学习、算法推理等技术，直接对社会治理数据进行挖掘、收集、分析与应用，并且重构社会生产与社会组织的关系，促进公共权力与社会组织和公民权利之间的协调合作与发展，使治理水平与治理能力更加优化，推进形成高效化、快速化、准确化的社会治理方式。

二、“人工智能 + 政务服务与社会治理”的架构概述

（一）人工智能的基本概念

人工智能（AI）是一种基于算法、算力和数据的新型技术，具备自我学习、自我推理和自我适应能力，支持人类完成各种任务[①]，通俗来说，就是人类用海量数据、机器学习、区块链等做人类社会要做的事情[②]。

① 赵娟、常多粉、孟天广:《国内外人工智能治理的发展进路：基于 TOPE 治理框架的组合分析》,《北大政治学评论》2023 年第 2 期。

② 吕鹏:《人工智能参与社会治理的系统化推进模式》,《社会治理》2020 年第 9 期。

（二）数字政府的技术发展脉络

20 世纪 70 年代至今，数字政府的技术演进经历了从基础处理到智能治理的跨越式发展（见图 1-1）。这一发展脉络不仅顺应了全球信息技术不断演进的趋势，而且深刻映射出政府治理模式的转型路径：从最初以提升行政效率为主要目标的信息化探索，逐步迈向以数据驱动、智能决策为核心特征的治理现代化。人工智能作为关键技术支撑，正日益成为推动这一转型进程的核心动力。

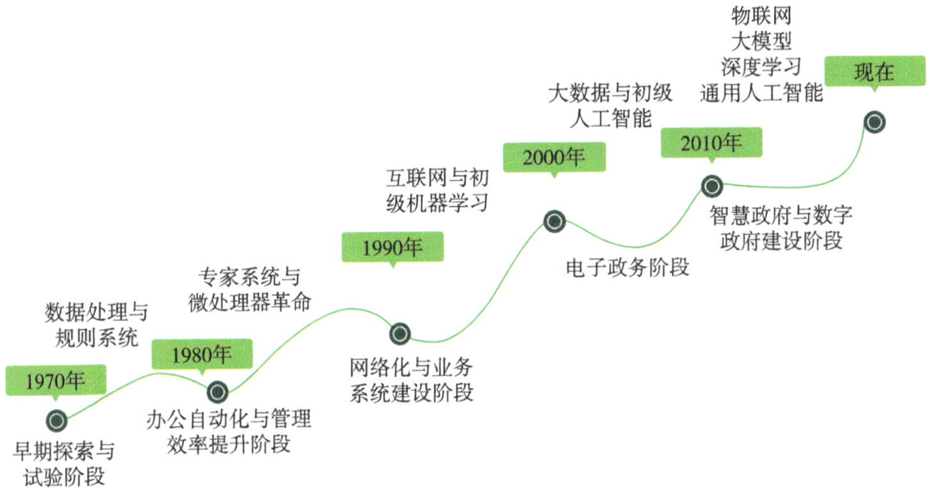

图 1-1 数字政府的技术发展历程

资料来源：作者自制。

1. 早期探索与试验阶段（1970—1980 年）：数据处理与规则系统

早期的政府信息化主要集中在规则系统、基础的数据处理上，政府部门开始探索如何利用计算机技术辅助数据处理，这时的“智能”大多依赖预定义的规则和固定逻辑。

2. 办公自动化与管理效率提升阶段（1980—1990 年）：专家系统与微处理器革命

随着微处理器和个人计算机的普及，引入了基于规则的专家系统。AI 开始被应用于管理信息系统（MIS）和政府业务自动化，主要用于提高政府内部的工作效率。

3. 网络化与业务系统建设阶段（1990—2000 年）：互联网与初级机器学习

在这一阶段，互联网技术的普及推动了政府信息系统的互联互通。AI 开始从专家系统向初级机器学习转型，算法在处理大规模数据的同时，逐渐能够进行自我学习和改进。

4. 电子政务阶段（2000—2010 年）：大数据与初级人工智能

进入 21 世纪，政府信息化与数字化建设加速，电子政务成为推动政府转型的核心引擎。AI 技术与大数据的结合，使得政府能够通过数据挖掘和分析，优化治理模式和服务方式。

5. 智慧政府与数字政府建设阶段（2010 年至今）：物联网、大模型、深度学习与通用人工智能

随着大数据、深度学习、物联网、人工智能大模型等技术的成熟，AI 技术进入了全新的发展阶段。AI 技术不仅能处理复杂数据，还能通过多模态模型在各类场景中提供智能支持，助力政府数字化转型。

本书重点关注人工智能技术在政务服务与社会治理中的应用，其主要发展与实践集中于电子政务阶段以及智慧政府与数字政府建设加速推进的阶段。

（三）“人工智能 + 政务服务与社会治理”的架构体系

人工智能的整体架构是一个多层次、多模块的系统，涵盖了从数据输入、处理到决策支持的全过程，其核心部分是 AI 大脑，辅以机器人流程自动化（RPA）、物联网平台等技术。它们协同工作，共同构成了政务服务和社会治理智能化转型的技术基础。其中，AI 大脑负责数据分析、模式识别、预测和决策，它通过深度学习、机器学习等技术，帮助政府、企业等治理主体从海量数据中提取有价值的信息。RPA 平台主要负责自动化执行重复性、流程性任务，降低人工操作的比重，减少错误率，提高效率。物联网平台通过传感器和智能设备，实时收集各个环节的数据，并与 AI 系统结合，帮助相关组织进行设备监控、预测性维护和智能决策。

人工智能嵌入政务服务和社会治理的架构体系由 6 个核心要素构成：基础设施层、政务数据集、模型层、服务组件、能力层和应用层。每一个核心

要素在整体架构中发挥着不同的作用，从而形成一个全面且有机的智能治理框架[①]。基础设施层提供高性能计算资源支持大模型训练，政务数据集和治理数据集是模型训练的基础，模型层用以构建和训练专用的人工智能算法，服务组件则提供如智能客服、自动审批等功能模块，能力层通过智能分析、决策支持等核心功能提升政府服务效率，应用层整合各层为政府和公众提供智能化的政务服务平台，最终实现政务智能化和社会治理现代化。

三、人工智能对政务服务与社会治理的意义

人工智能与政务服务和社会治理两个领域的结合，为政府决策、公共服务和治理创新的智能化转型提供了广阔的发展机遇，推动了政务管理模式、社会治理形式的全面优化与创新。政务服务和社会治理作为广义政府治理的两个重要领域，在推进政府数字化转型中具有重要的支撑作用。

政务服务作为政府面向公众的直接窗口，体现了政府通过数字化手段提升公共服务能力、优化服务流程的具体路径，它直接影响公众的获得感和满意度，是衡量政府数字治理成效的重要标尺。社会治理是政务服务发展的进一步延伸，不仅涵盖政府在宏观层面的协调、引导与资源配置功能，还强调多元主体参与下的治理协同与系统性应对。随着社会问题的复杂化与公众需求的多样化，社会治理的数字化与智能化转型呈现出更大的紧迫性与挑战性，反过来也持续倒逼政府数字能力的跃升与治理模式的革新，构成数字政府建设中不可或缺的重要支撑。

政务服务关乎国家治理效能，涉及人民群众的切身利益，是治理能力现代化进程中最为关键的基础性工作。我国政务服务在经历了信息化和数字化的发展阶段后，正在向智能化转型。20 世纪 80 年代开始实施国民经济信息化的战略决策，标志着政务服务信息化建设的起步。随后，我国持续加快政府数字化转型。2021 年，“十四五”规划提出，将数字技术广泛应用于政府管理服务，推动政府治理流程再造和模式优化，不断提高决策科学性和服务效率。随着人工智

① 李帅峥、钱正、董正浩等:《政务大模型的技术应用路径及发展建议》,《信息通信技术与政策》2024 年第 6 期。

能技术快速迭代创新，地方政府率先开始推动政务服务智能化转型。人工智能逐渐成为新时期政务服务从数字化迈向智能化的核心驱动力，有效地解决了地方发展过程中的重复性建设和资源浪费等问题，使更多的公共资源可以投入公共服务和社会治理中①。人工智能应用于政务服务有助于提高信息透明度、增强组织协同性、完善民主监督机制、促进政府科学决策，从而提升公共服务效率。

当前，人工智能已然从技术概念转化为驱动社会变革、赋能社会治理的重要力量，推动社会治理不断向智能化迈进②。人工智能技术的进步也在以下几个方面推动社会治理新发展。一是推动社会治理协同化。在传统的社会治理中，由于时代以及治理思维的局限性，相关信息被分散在不同领域、不同群体；而现代治理理念要求公共权力在行使的过程中是多维度的，这就需要国家与社会、政府与非政府组织、政府与公民等主体之间的良性互动。就社会治理协同化而言，人工智能技术至少有两点价值。其一，人工智能技术能够改变过去政府与公众之间信息不对称的情况，让公众更加及时、合理地参与到政治生活之中；其二，云计算可以直接应用于民情民意的收集、汇总、整理及分析，产生直接的治理效益。二是推动社会治理法治化。随着行政行为的程序、方式和结果更多地被公开，公民更容易监督政府运作链条上的各项决策。这就要求党和政府在社会治理过程中始终沿着为公众服务的方向前进，并将依法治理放在重要位置。

四、人工智能给政务服务与社会治理带来的风险挑战

人工智能越来越深地嵌入公共行政，成为政务服务智能化创新进程中不可或缺的行动者，扮演着治理与被治理的双重角色③。智能化政务服务的最终目标是创建一个高效、透明、响应迅速且以公民为中心的政府服务环境，基于此目标进行政务服务改革具有必要性，自以 ChatGPT、Bard 为代表的人工

① 梁银锋、王镝:《政务服务数字化转型何以提升公共服务效率？——以“互联网 + 政务服务”平台建设为例》,《电子政务》2024 年第 1 期。

② 王天骄、孙春伟:《人工智能赋能社会治理智能化》,《学校党建与思想教育》2024 年第 16 期。

③ 刘玮、王锋:《政务服务智能化创新的演化、风险与图景——基于场域视角的分析》,《电子政务》2024 年第 2 期。

智能出现以来，全球各国纷纷探索新技术在社会治理中应用的可能，推动形成一波以智能化为主要特征的政务服务改革浪潮。人工智能推动了政府的第二次数字化转型。值得注意的是，政务服务改革的主要工作是流程再造，已取得了瞩目的成就，但是也面临信息茧房、信息安全、信息歧视、行政负担、政策黑箱、数据打通难、伦理隐忧、公共价值迷失和责任体系失衡等问题。

中国政务服务智能化水平与预期相比仍然存在较大差距，在提供线上服务和促进公众参与等方面不尽如人意①。人工智能参与政务服务存在诸多短板，主要体现在数据质量和开放共享程度有待提高、算法透明度和可解释性有待增强、公共服务和行政效率有待提升等方面②。政务服务必须不断适应外部环境变化和进行内部组织变革，才能实现办事方式多元化、办事流程最优化、办事成本最小化，进而为激发经济社会发展内生动力、满足人民日益增长的美好生活需要创造必要条件，这是人工智能嵌入政务服务的基本逻辑③。

智能时代开辟了人类社会的全新图景，为人类文明的发展创造了无限可能，但也使得社会风险和不确定性因素累积，阻碍着社会治理体系和治理能力现代化的时代步伐。总的来说，人工智能在个人生活领域已经取得了显著的进展，然而其在社会治理应用方面仍面临数据共享与数据安全之间存在矛盾、“数字鸿沟”、应用场景单一、满足公民差异化诉求程度不高和使用效率低④等局限性。对政府、社会、公众和企业而言，如何平衡人工智能带来的机遇和风险、构建可持续的人工智能发展路径、提升人工智能治理水平是值得深入思考的问题。人工智能嵌入社会治理，要坚持以人为本，树立以人民为中心的治理理念，推进多元主体协同治理，以法治保障规避智能治理进程中的风险⑤。

---

① 翁列恩、唐茜茜、齐胤植：《增值化改革：政务服务提能增效的行动策略》，《中国行政管理》2024 年第 2 期。

② 白文静：《人工智能参与数字政府建设的范式革新——基于行政领域人工智能通用大模型（GovGPT）的交互性敏捷治理》，《西北民族大学学报（哲学社会科学版）》2024 年第 3 期。

③ 韩啸、李静怡、马亮：《政务服务数字人：理论诠释、实践困境与因应路径》，《电子科技大学学报（社科版）》2024 年第 6 期。

④ 王佃利、滕蕾：《数字社会治理的场景构建、运行逻辑与公共价值实现》，《山东大学学报（哲学社会科学版）》2024 年第 5 期。

⑤ 陈双泉、韩璞庚：《人工智能技术嵌入社会治理：创新、风险与防范》，《学习与探索》2024 年第 7 期。

第二章 “人工智能 + 政务服务与社会治理”的典型场景

场景是服务和产品供给精准化的前提，任何技术的效率优势都需要通过具体的应用场景来实现[①]。2021 年 4 月，党中央、国务院发布的《中共中央 国务院关于加强基层治理体系和治理能力现代化建设的意见》就基层智慧治理进程中的场景问题，指出拓展应用场景是加强基层智慧治理能力建设的重要内容，构建应用场景已成为数字技术为社会治理赋能的桥梁与纽带。各地也在积极开展人工智能应用场景创新工作。北京市围绕智慧城市建设的实际需求，通过组织重大项目攻关和特色场景示范，提升大模型自主创新能力，推动形成标准化、规模化、跨界协同的应用落地路径[②]；上海市为引导行业聚焦，形成一批赋能经济、生活、城市治理的具有典型性、创新性的示范应用场景，推动引领性应用探索形成“新风口”，深化应用规模化落地形成“核爆点”[③]；深圳市通过争创“场景应用先锋”推动人工智能技术、应用场景和商业模式等融合创新，推动人工智能产业高质量发展[④]。人工智能浪潮涌动，全国各地都在加大研究应用力度，力求运用新技术助推新发展，人工智能也在大量实践中与政务工作、社会治理逐步走向深度融合，因不同的治理需求、管

① 付建军:《模态、张力与调适：数字化转型中的场景治理》,《探索与争鸣》2023 年第 1 期。

② 《北京市发展和改革委员会、北京市经济和信息化局、北京市科学技术委员会、中关村科技园区管理委员会关于印发〈北京市推动“人工智能 +”行动计划（2024—2025 年）〉的通知》，北京市发展和改革委员会官网，2024 年 7 月 26 日。

③ 《上海市经济和信息化委员会关于发布〈上海人工智能示范应用清单（2023）〉的通知》，上海市人民政府官网，2023 年 12 月 20 日。

④ 徐松:《深圳加快打造人工智能先锋城市》,《深圳特区报》2024 年 7 月 31 日。

理需求、服务需求衍生出不同的应用场景。应用场景生动展现了人工智能时代的治理实践，人工智能通过拓展更多的融合应用场景，助推政府的智能化发展。

根据政府职能的不同，本书将应用场景划分为：政务服务、社会治理和政府运行三大类（见图 2–1）。

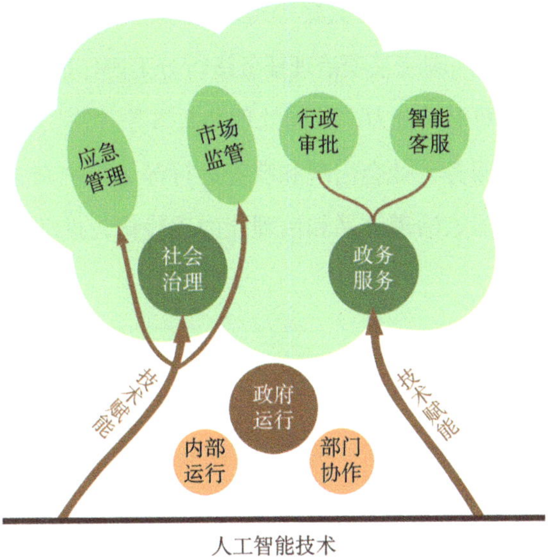

图 2–1 人工智能应用场景

资料来源：作者自制。

政务服务是指各级政府及其部门、事业单位根据法律法规，为企事业单位、社会团体以及个人提供许可、确认、裁决、奖励、处罚等行政服务，主要包括智能客服、行政审批等。将人工智能技术应用于政务服务，可推动建设服务型政府，更好满足群众生活需要[①]。

社会治理是指在党的领导下，由政府主导，吸纳社会组织等多方治理主体参与，对社会公共事务进行的治理活动[②]。其具体概念有广义和狭义之分。为了全面把握人工智能的应用状况，本文侧重探讨人工智能在广义社会治理场景中的实际应用。广义的社会治理呈现 3 种基本状态，即政府对于社会的治理、政

① 王鑫、祝歆：《以数字政府建设提升政务服务水平》，光明网，2022 年 12 月 2 日。

② 姜晓萍：《国家治理现代化进程中的社会治理体制创新》，《中国行政管理》2014 年第 2 期。

府与社会组织和公民的共同治理、社会自治[①]。广义社会治理覆盖面广，贯穿不同治理层级，涉及政治、经济、社会、文化等各领域的治理问题[②]。由此，社会治理向着不同领域衍生发展，包括应急管理、市场监管等专项治理。在广义的社会治理中，政府对于社会的治理是社会治理的主体形态和主要内容。

政府运行是指政府内部的工作运行流程，主要包括内部运行与部门协作。内部运行指政府的决策、执行、监督等行政程序，以及公文撰写等日常工作。部门协作是政府部门之间围绕某项治理任务进行分工协作以共同完成任务[③]，促进各层级和各部门之间形成合力，共同处理公共事务。

政府通过在政务服务、社会治理和政府运行等场景中充分应用人工智能技术，让技术充分赋能国家治理体系和治理能力现代化，推动我国数字政府建设驶入快车道。

一、“人工智能 + 政务服务”

政务服务领域是人工智能技术的重点应用领域。2021 年印发的《“十四五”数字经济发展规划》要求，推动智能计算中心有序发展，打造智能算力、通用算法和开发平台一体化的新型智能基础设施，面向政务服务、智慧城市、智能制造、自动驾驶、语言智能等重点新兴领域，提供体系化的人工智能服务；高效布局人工智能基础设施，提升支撑“智能 +”发展的行业赋能能力。在 2024 年发布的《国家发展改革委 国家数据局 财政部 自然资源部关于深化智慧城市发展 推进城市全域数字化转型的指导意见》中，国家发展改革委及国家数据局等部门强调，为推进智慧城市建设，政府应提升“一网通办”效能，以便民惠企为导向，探索政务服务增值化改革，拓展涉企服务的广度和深度，推动政务服务从“能办”向“好办”转变，广泛、便捷的政务服务是广大人民群众的共同期盼。

---

① 王浦劬:《国家治理、政府治理和社会治理的基本含义及其相互关系辨析》,《社会学评论》2014 年第 3 期。

② 郭晔:《中国社会治理为人类治理文明注入新内涵》，中国共产党新闻网，2023 年 3 月 24 日。

③ 王铮:《政府部门间协作的影响因素及其组织逻辑：基于组织角度的分析》,《公共管理与政策评论》2023 年第 2 期。

为满足人民群众需要，政府部门将人工智能等数字技术融入行政审批、智能客服等具体服务场景。在行政审批方面，政府通常使用政务应用软件、政务大模型、电子政务平台等载体，迅速生成材料，方便群众填写；远程智能帮办，群众办事“一次办成”。上海市浦东新区人工智能辅助审批系统和远程“直达帮办”系统等，都利用人工智能自动生成、交互办理等技术实现了政府审批效率与群众办事体验感双提升。此外，政府为解答群众问题，打造人工智能客服，如华信永道“智道奇点 SagesrvGLM”大模型针对用户问题智能生成精准答案，提供专业的政策咨询和业务咨询。政府部门通过将人工智能技术融入政务服务领域，显著提升了行政审批效率和群众办事体验感，并通过智能客服提供了精准的政策与业务咨询，有效回应群众需求，有力推动智慧城市建设与政务服务的数字化转型。

二、“人工智能 + 社会治理”

习近平总书记指出，要加强人工智能同社会治理的结合，开发适用于政府服务和决策的人工智能系统，运用人工智能提高公共服务和社会治理水平[①]。对于社会治理而言，关键在于解决群众实际问题、推进基层群众自治、减轻治理压力、提升治理效能，因而人工智能在社区和网格中拓展出智慧警务、智能群众问答、网格事件录入等应用场景，让群众需求精准对接职能部门和工作人员，处理事件更及时。人工智能系统有效激发了基层治理主体的参与活力，民众积极反映问题、参与管理。“小鲸 AI ”、腾昕科技“家庭警察”民情民意全时感知系统等将民众在小程序、微信群、政务软件中反映的实际问题进行总结归纳，及时反馈给职能部门和相关人员，使问题解决更高效。“社区通”平台建立了社区居民全程参与的议事协商操作链，激励民众关注问题，自下而上提出议题、订立公约，努力实现基层共建、共治、共享。

激发民众参与社会治理的同时，人工智能还致力于扫清基层工作人员的工作障碍。越城区社会矛盾预防化解智慧工具应用大数据技术，对群众语义

① 《习近平在中共中央政治局第九次集体学习时强调 加强领导做好规划明确任务夯实基础 推动我国新一代人工智能健康发展》，新华社，2018 年 10 月 31 日。

进行分析，从源头预防突发社会事件，有效减轻了基层网格员的工作压力，扩宽了信息延展空间，提高了风险感知的敏感度和专业度。云天励飞智慧治理服务平台通过监控摄像头、执法端 App 等渠道广泛收集数据，从视频、物联网的分析中发现治理事件，并将任务分拨到具体的执法人员，有效提高基层执法人员的工作效率。中科大脑“接诉即办”智能问数大模型将工单内容进行梳理总结，实时准确地回答用户提问，减轻数据统计人员的工作量，并通过周期性数据分析预测重点关注的问题和区域，辅助各部门管理决策。

三、“人工智能 + 基层治理”

党的十九届四中全会提出，构建基层社会治理新格局是推进国家治理体系和治理能力现代化的重要方面。《中共中央 国务院关于加强基层治理体系和治理能力现代化建设的意见》明确提出要加强基层智慧治理能力建设，以提高基层治理数字化智能化水平。人工智能技术在基层治理中的应用，不仅推动了基层治理方式的深刻变革，而且系统性重构了基层治理结构[①]。技术的进步推进治理模式智能化、协同化发展，逐渐形成多元主体共建共治共享格局，推动基层治理效能整体提升。

人工智能技术首先推动基层治理模式的变革，依托大数据、人工智能等技术手段，基层党组织、政府、群众自治组织等主体能够实时获取、整合和分析多维度的社会数据，为治理提供精准、科学的决策支持和资源调配依据。绍兴市越城区通过设置基层数据治理系统，运用人工智能实现政务数据智能化展示，汇集数字政府指标库、政策法规库，协助政府从经验决策转变为数据决策。小鲸“全科社工 · AI 助手”通过构建新工作体系与科学决策机制，助力基层精准解决难题，起到辅助决策的重要作用。同时，小鲸“全科社工 · AI 助手”可以帮助年轻社工尽快掌握社区工作的基础知识和基本技能，帮助基层社工积极探索问题解决的新思路、新办法，减轻基层工作负担，提升基层工作效率，有效推动了基层治理智能化发展。

① 陈荣卓、万新波:《数字技术赋能基层治理的运行机理及改革进路》,《改革》2024 年第 12 期。

四、“人工智能 + 政民互动”

党的二十大报告提出，要畅通和规范群众诉求表达、利益协调、权益保障通道。这一战略部署深刻体现了以人民为中心的发展思想，将民众的实际需求置于社会治理的核心位置，倡导建立高效、透明的信息交流方式，促进政府与民众之间的深度对话与协同合作。政民互动主要是指政府在提供公共服务和进行社会治理的过程中与民众在信息和资源等方面的交互过程[①]。随着人工智能等信息技术的发展，民众与政府互动的形式向多元化、高效化发展。政府在政民互动中开始利用人工智能大模型等，响应民众多样化需求，推进社会治理创新发展。

人工智能大模型的引入，可有效拓宽民众诉求表达渠道，实现政府与民众之间的即时互动与高效响应。腾昕科技基于企业微信政务版打造了“家庭警察”社区警务模式，并将其作为拓宽意见表达、建议收集的新渠道，延伸开发了民意感知系统，接受群众对公安警务活动的全方位监督。通过警民之间的微信交流，实现民意诉求线上反馈，打造新时代网上“枫桥经验”的新样板。通过引入人工智能大模型对历史数据进行深度挖掘，真正做到对居民民意诉求的全时感知、精准服务和高效处理。中科大脑接诉即办智能问数大模型通过智能化升级诉求派单、处置、分析、主动治理等工作流程，提升了接诉即办效率与质量，在政府与公众之间搭建了一个高效互动的平台。这些创新实践表明，人工智能技术的应用优化了政民互动的形式，提升了政民沟通的效率，为构建以人民为中心的社会治理模式提供了有力支持。

五、“人工智能 + 政府运行”

政府运行包括内部运行与部门协作两方面。在数字化时代背景下转变政府运行方式，提升政府运行保障水平和管理效能，需要充分发挥人工智能等数字技术在内部运行与部门协作中的突出作用。“十四五”规划明确提出，要将数

① 赵萌琪、张友浪:《民众诉求驱动的基层政民互动模式创新——以北京市“未诉先办”为例》,《中国行政管理》2024 年第 9 期。

字技术广泛应用于政府管理服务，全面推进政府运行方式、业务流程和服务模式数字化智能化。政府工作的数字化发展，是提高国家治理效能的重要环节。

（一）“人工智能+内部运行”

政府在工作运行机制中使用人工智能技术进行决策、监管等，推动政府工作走向数字化、智能化。人工智能可进行公文生成、政务文本分类、政务数据分析、智能搜索、舆情风险识别等工作，为政府工作人员提供智能化办公服务，帮助政府工作人员提高工作效率、更好履行工作职责。

如今，人工智能技术已深入政府日常运行的许多环节。如在决策方面，生成式人工智能对事物的认知和理解以大规模的语料库为基础①，庞大的数据量让人工智能对现实问题的呈现和理解更加全面客观，避免了工作人员的主观情绪对决策带来的影响，可以精准分析不同群体的实际需求，提高政策的针对性和精确性。例如，瑞莱智慧政策大模型汇集政策检索、储备库及深度分析等功能，构建政策管理闭环，助力政府部门提升政策制定和管理的质量和效率。汇信科技“法智通·AI执法智能体”与行业专家大模型，结合跨部门多领域的综合监管需求，为监管人员提供业务知识智能检索、监管方式和流程指引以及相关文书生成等智能辅助功能，提高执法效能，提升市场监管的科学性和智能化水平。人工智能的运用有效提升了政府运行的效能，同时也推动了政府治理模式向更加智能化、精细化的方向发展。

（二）“人工智能+部门协作”

在推进人工智能技术在政务服务、社会治理、应急管理、市场监管、政府运行等领域应用的同时，政府全方位深化应用，通过数字化协同推进部门协作，提高信息流通速度，推进政府协同治理，提升政府整体智治水平。协同平台可以作为组织内外协同合作的中心枢纽，通过提供高效的协同工具和

① 曾宇航、史军：《政府治理中的生成式人工智能：逻辑理路与风险规制》，《中国行政管理》2023年第9期。

自由的信息流通平台，促进各方沟通、协作和资源共享[①]。

人工智能不仅为部门协作提供了统一的数字化平台，助力实现数据要素的高效流通，而且为部门协作建立了任务分派系统，提高整体工作效率。在网络安全领域，安星智能体、奇安信“QAX-GPT 安全机器人”助力政府网信、公安等部门打造城市级网络安全运营平台，整合网络安全数据，打破部门“安全孤岛”，促进部门间充分沟通与协同合作，构建城市整体网络安全防护体系，保障数字城市安全。安星智能体的安全运营项目覆盖政法委、司法局、市场监督管理局等 26 个相关部门，实现运维机制一体化、运维资产一本账，促进团队协作，提升运维效率，确保系统的稳定、安全和高效运行。通过促进部门间协作，人工智能构建了一个更加智能、协同的政府运行体系，为数字政府建设提供了坚实的安全保障。

① 奚家亮、刘力锐:《边界重塑：数字技术何以驱动科层组织变革？——基于浙江“一网协同”实践的分析》,《中共天津市委党校学报》2023 年第 6 期。

第三章 “人工智能 + 政务服务与社会治理”关键技术

一、政务服务与社会治理领域人工智能技术应用的层次

“人工智能 + 政务服务与社会治理”相关技术涵盖了机器学习、深度学习、自然语言处理等多个方面，为提升政府机构信息处理效率与社会治理质量提供智能化支持。当前人工智能技术在政务服务与社会治理中的应用基本形成了由基础层、算法层、模型层、应用层构成的技术框架，各层的基本功能如下（见图 3-1）[①]。

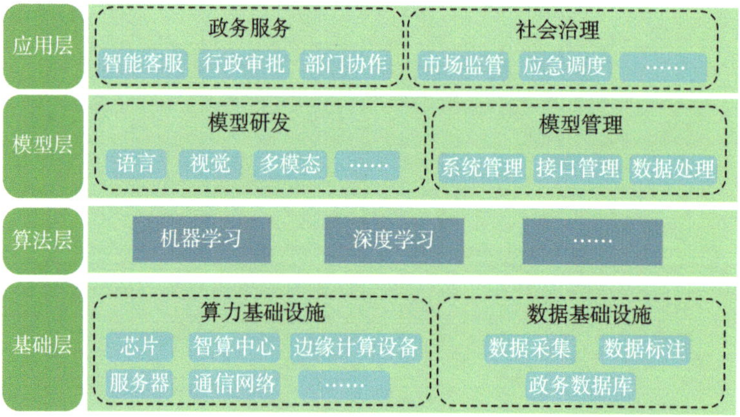

图 3-1 “人工智能 + 政务服务与社会治理”技术架构

资料来源：作者自制。

① 李帅峥、钱正、董正浩等：《政务大模型的技术应用路径及发展建议》，《信息通信技术与政策》2024 年第 6 期。

1. 基础层

基础层分为算力基础设施和数据基础设施。前者涵盖芯片、服务器、通信网络、智算中心、边缘计算设备等，后者包含数据采集、数据标注、政务数据库等。在政务服务与社会治理领域，基础层的参与者大多是政府、科技企业等。

2. 算法层

算法层包括机器学习、深度学习等。机器学习致力于用算法使机器模拟或实现人类的学习方式，主要分为监督学习、无监督学习、弱监督学习三大类，主要应用在政务信息推荐、一键办理业务、机器人聊天等业务领域。深度学习是机器学习中基于数据进行表征学习的子研究方向，主要应用在信息处理、模式识别、评估预测等方面。

3. 模型层

模型层是核心，分为模型研发和模型管理两部分。模型研发是指在一定的编程环境（语言）、算法框架、开发平台及工具的基础上，构建语言大模型、视觉大模型、语言条件多智体大模型、多模态大模型等人工智能模型。模型管理则包含系统管理、接口管理、数据处理等涉及机器学习和人工智能算法的应用[①]。

4. 应用层

根据项目所具备的各项能力，打造政务服务、社会治理相关的智能化应用。依托人工智能强大的语音处理能力、视觉处理能力、文本理解能力以及多模态交互能力，在政务服务上可实现内容识别、公文写作、分析评估等功能，在社会治理中可以完成市场监管、应急调度等任务。

二、政务服务与社会治理领域人工智能应用的关键技术

在政务服务与社会治理中，按照技术功能，人工智能应用的关键技术可以分为两大类：支持型技术与整合型技术。支持型技术指的是可以实现某种功能的单项人工智能技术，如数据预处理技术、计算机视觉技术、语音识别技术。整合型技术侧重于将不同的技术或系统集成在一起，以实现更高效、

① 陈晓红、刘浏、袁依格等：《医疗大模型技术及应用发展研究》，《中国工程科学》2024 年第 6 期。

更全面的功能，例如当前的政务大模型。

（一）支持型技术

1. 政务知识管理技术

随着大数据时代的到来，知识工程受到了广泛关注，如何从海量的数据中提取有用的知识成为大数据分析的关键。知识工程的最新技术和方法主要集中在人工智能技术的应用上，特别是智能知识库和知识图谱。

智能知识库是一种使用智能技术，按照一定主题对某一领域的多元化信息进行收集、分析、评价、处理、存储，并根据一定标准和规范快速构建的特色资源库系统①。同时，智能知识库具备强大的自然语言处理能力和机器学习能力，能够自动对海量知识进行分类、标注和摘要，并支持实时更新和个性化推荐。在现实场景中，智能知识库可以帮助政府部门统一业务答复口径和业务标准，及时将最新政策文件及相关问答、人工答复口径等信息同步更新至知识库。此外，当前许多政务大模型也必须与外部知识库结合，在通用大模型底座上嵌入政务专业领域知识库或者特定治理场景知识库，继而实现大模型在政务特定应用场景的快速适配，并且在推理中进行模型优化。

知识图谱本质上也是一种语义网络的知识库②，它可以从海量文本和图像中抽取结构化知识，展示知识点之间的关系，使得知识的获取、共享和应用变得便捷。在政务领域，政务知识图谱面向特定领域，如住房公积金、社会保障、税收等政务板块，以特定领域采集的文本信息为支撑，对专业性与准确度要求非常高。

2. 理解与感知技术

（1）模式识别技术

模式识别是指让计算机系统能够模拟人类，通过感觉器官对外界产生各种感知③。统计模式识别和结构模式识别是两种基本的模式识别方法，除此之

① 肖博淳、王朝扬、赵成芳：《智能知识库建设技术探讨》，《信息与电脑（理论版）》2020 年第 6 期。

② 漆桂林、高桓、吴天星：《知识图谱研究进展》，《情报工程》2017 年第 1 期。

③ 邹蕾、张先锋：《人工智能及其发展应用》，《信息网络安全》2012 年第 2 期。

外，还有神经网络模式识别、模糊模式识别、软模式识别、自适应模式识别和仿生模式识别等多种方法。

模式识别技术广泛应用于语音识别、计算机视觉、图像处理、基于特征显著性的目标识别等多个领域。例如，语音识别就是把语音信号转变为命令或文本，这种让机器自动识别和理解人类口述语言的技术也叫作自动语音识别（ASR）①，应用场景包括智能政务客服、政务会议记录一键生成等。计算机视觉通过电子化感知视觉信息来解释、模拟和复制人类的视觉效果，应用场景包括人脸识别、图像检索、监控检测、生物识别等②。如通过人脸和行为分析技术识别出潜在的安全威胁，及时通知安保人员进行干预；利用图像处理技术分析交通流量和车辆行为，优化交通信号控制，减少交通拥堵，甚至辅助公安机关进行高效执法。图像处理是模式识别技术的一个重要领域。文字识别（OCR）就是模式识别在图像处理中的一个典型应用③，通过 OCR，政府机构可以快速验证身份证件上的信息以及实现档案数字化。

（2）自然语言处理

自然语言处理（NLP）是指计算机拥有识别理解人类文本语言的能力，具体可分为语法语义分析、信息抽取、文本挖掘、信息检索、机器翻译、问答系统和对话系统 7 个方向④。自然语言处理涉及两个流程，分别是自然语言理解（NLU）和自然语言生成（NLG），前者帮助机器理解人类语言，后者帮助机器生成人类能够理解的语言，实现文本生成等功能⑤。随着技术的发展，其应用已经渗透到多个领域，包括但不限于机器翻译、语音识别、情感分析、自动摘要、信息检索等。

（3）政务服务与社会治理智能体建构

在政务服务与社会治理领域，最为热门的智能系统非智能机器人莫属。随着智能机器人技术在商业领域不断普及，越来越多的政府机构通过智能机器人来缓解人力压力，改善公共服务。根据不同的应用场景，政务智能机器

---

①②⑤ 王振杰、周萍、王凯等:《人工智能应用技术》，文化发展出版社，2020。

③ 张新峰、沈兰荪:《模式识别及其在图像处理中的应用》，《测控技术》2004 年第 5 期。

④ 崔雍浩、商聪、陈锶奇等:《人工智能综述：AI 的发展》，《无线电通信技术》2019 年第 3 期。

人按照工作内容可以分为智能问答机器人、智能审批机器人、社区治理机器人等。本书简单介绍两类最常见的智能机器人。

智能问答机器人的运行主要包括多元渠道访问、输入处理、语义理解、知识匹配和结果返回 5 个关键环节。在对话过程中，综合利用自然语言分析技术、多轮对话技术、标签关联技术、拒答技术以及机器学习技术，辅以人工转办机制，实现服务闭环和优化，为用户提供实时、自动的在线咨询服务，帮助解决用户提出的问题[①]。

针对政府内部运作效率的提升，智能审批机器人可以协助工作人员处理信息量大、精准度高、规则固化的政务信息，同时规避人为因素风险，极大优化业务流程并提高审批效率。

（二）整合型技术

1. 政务大模型

在当前的政务服务与社会治理领域中，通常使用在特定服务和治理场景下结合通用大模型底座的政务领域专属大模型或政务行业大模型。政务大模型基于各种算法的综合应用技术，具有极强的功能性。

通用大模型是指可以在多个领域通用的大模型，利用大算力，使用海量的开放数据和具有巨量参数的深度学习算法，在大规模无标注数据上进行训练，以寻找特征并发现规律，进而形成可“举一反三”的强大泛化能力，可在不调整或微调的情况下完成多场景任务。行业大模型是针对特定行业或领域的大模型，在通用大模型的基础上使用相关的数据库进行预训练或微调，以提高在特定领域的性能和准确度。

政务领域专属大模型挂载政府内部的知识库，具有较强的本地化和定制化特点；政务行业大模型挂载通用行业知识库，通用性较强。根据输入数据的不同，政务大模型也可分为语言大模型、视觉大模型和多模态大模型。语言大模型是指在自然语言处理领域中的一类大模型，通常用于处理政务文本数据和理解自然语言；视觉大模型是指在计算机视觉领域使用的大模型，通

① 王友奎、张楠、赵雪娇：《政务服务中的智能问答机器人：现状、机理和关键支撑》，《电子政务》2020 年第 2 期。

过在大规模图像数据上进行训练，可以完成多种视觉任务，如图像分类、目标检测、图像分割、姿态估计、人脸识别等；多模态大模型是能够处理不同类型数据的大模型，结合语言大模型和视觉大模型的能力，能够更全面地理解和处理复杂的数据。

2. 多智能体技术

多智能体技术是将多个智能体组合，将大而复杂的系统分解成小的、彼此互相通信的、协调的、易于管理的系统。该技术适用于在跨地区、跨部门、跨层级、跨应用环境下，通过各个智能体之间的按需协作，开展跨域运行和业务协同[①]，有效解决系统协作难题[②]。

三、“人工智能 + 政务服务与社会治理”的技术发展趋势

（一）向低功耗、轻量化发展

人工智能技术在行业应用中大多依赖海量的训练数据和大规模服务器的算力支持，存储暴涨、隐私泄露、能耗高企等问题也随之而来。当前，对人工智能设备和应用的快速响应、隐私保护以及节能减排的需求越发凸显。人工智能模型及其计算载体前端化、轻量化，打造轻量化的人工智能政务及治理平台将成为未来的趋势。

（二）向集约化、统一化发展

集成应用程度不高、场景化应用分散和重复已经成为政府需要着力解决的结构性问题[③]。随着一网通办、一网统管、一网协同等应用场景不断推出，集约化、统一化的发展将成为未来技术发展的方向。在硬件层面，要不断提升 GPU 和 CPU 硬件性能，从而提升算力供给能力；在软件层面，要优化算法

---

① 康勇、袁敬:《“多智能体”技术在政务服务“一网通办”电子文件归档管理中的应用》,《中国档案》2023 年第 4 期。

② 杨裕翠、孙红兵:《基于多 Agent 技术的电子政务系统研究》,《现代电子技术》2009 年第 20 期。

③ 朱婷婷、負杰:《从浅层结合走向深度融合：数字政府场景化应用的优化路径》,《电子政务》2025 年第 2 期。

模型和计算框架来减轻算力压力。另外，还可以通过算力资源实现跨域算力调度，持续探索模型小型化路径，通过压缩模型参数和结构，将训练好的大模型压缩为可在边缘端或有限资源环境中运行的小模型①。

（三）向交互性、情感性发展

未来，情感 AI 将从多模态进行情感分析，即结合多种数据源（如音频、视频、文本等）更准确地理解用户的情感状态，提高情感识别的准确性和鲁棒性，使 AI 系统能够更好地适应复杂的人类情感表达。通过政务数字人、交互模式改造等方式来提升用户的使用体验感和满意度，可以增强用户的视觉感受和情感共鸣，塑造良好的政府形象，甚至将交互数字人与成像终端相结合，说话间即可完成业务办理②。

（四）向可解释性发展

政务场景的权威、精准需求与大模型的黑箱特征之间存在矛盾，因此要提升政务大模型决策过程中的透明度和理解程度。未来的政务大模型要基于行业知识图谱与检索增强生成（RAG），利用外挂知识库提供外挂信息，增强模型上下文检索能力，缓解大模型存在的幻觉问题，让大模型的输出更加有据可循。

（五）向高安全性发展

政务数据因涉及公民隐私、国家机密，必须具有完善的高安全性，因此构建和使用政务大模型必须考虑安全性问题③。应该充分考虑政务领域的特殊性和敏感性，遵守相关法律法规，建设政府自建算力和政务专有模型，避免数据隐私泄露的风险，确保数据安全。

---

① 李帅峥、钱正、董正浩等:《政务大模型的技术应用路径及发展建议》,《信息通信技术与政策》2024 年第 6 期。

② 王丁、刘阳桢、陈嘉:《基于实时交互数字人技术的融合智能终端设计与实现》,《广播与电视技术》2024 年第 9 期。

③ 王昀、胡珉、塔娜等:《大语言模型及其在政务领域的应用》,《清华大学学报（自然科学版）》2024 年第 4 期。

（六）向预测与决策功能发展

目前的大模型既缺少对业务的记忆、工具化和规划能力，也没有智能体思维链的能力。针对智能体的核心需求，需要持续优化现有的大模型技术，提高智能体正确识别、预测业务发展的能力，提升智能体的决策能力。

第四章 “人工智能 + 政务服务与社会治理”数据要素

一、公共数据要素的分布

（一）按数据来源划分

公共数据按照来源可以划分为部门内部数据、上级部门“回落”数据、跨部门共享数据和开放数据。

1. 部门内部数据

部门内部数据指的是政府特定部门在其日常运作和管理活动中产生、使用的数据。这些数据通常仅在该部门内部使用，或者在需要时与其他部门共享。

2. 上级部门“回落”数据

上级部门“回落”数据指的是在数据共享和流通过程中，上级部门为下级部门提供的回流数据。这些数据最初可能由下级部门收集并上报给上级部门，由上级部门进行分析、处理和决策，并将这些数据进行丰富、整合或加工后返回给下级部门，以供进一步使用。

3. 跨部门共享数据

跨部门共享数据是指不同政府部门之间相互分享和利用的数据资源。这种数据共享通常涉及多个层级（如中央、省、市、县等）、多个地区、多个系统和多个业务部门。

4. 开放数据

开放数据指的是政府部门、公共机构在履行其职能过程中产生的、可以向社会公众开放的数据。这些数据不涉及个人隐私、商业秘密或国家安全，可以向社会公众提供，供社会组织和个人使用。

（二）按数据类型划分

公共数据的范围非常广，基于公共数据主体与公共性差异的综合考量，可将其划分为政务数据、公共非营利主体数据、公共营利主体数据和授权经营主体数据 4 种类型[①]。

1. 政务数据

政务数据是指职能履行受公共财政保障的非营利公共主体因提供公共产品而产生的数据。政务数据是公共性程度最高的数据类型。

2. 非营利公共主体数据

非营利公共主体数据是指公共财政资金或社会捐赠资金支持的非营利公共主体提供社会服务而产生的数据。非营利公共主体数据通常由基金会、公益服务类事业单位、社会团体、社会服务机构产生。

3. 营利公共主体数据

营利公共主体数据是指生产经营活动所需资金主要来源于公共财政资金支持的营利公共主体因提供准公共产品而产生的数据。这类数据的主体通常为提供公共服务的国有企业，例如国家电网、中国电信以及各城市的自来水公司、燃气公司和公交集团等。

4. 授权经营主体数据

授权经营主体数据是指政府授权经营的非公共资金支持的营利性主体因提供准公共产品而产生的数据。这种模式旨在打破数据壁垒，促进数据的共享与开放，推动数据要素的市场化运营。

（三）公共数据的生命周期管理

公共数据的生命周期管理是一个全面系统的过程，涵盖了从数据的产生、存储、处理、传输、交换到销毁的全过程（见图 4–1）。公共数据治理是数据治理体系和治理能力建设的重要组成部分，对于加快数字经济创新发展、赋能国家治理体系和治理能力现代化具有重要的战略意义。

---

① 沈斌:《论公共数据的认定标准与类型体系》,《行政法学研究》2023 年第 4 期。

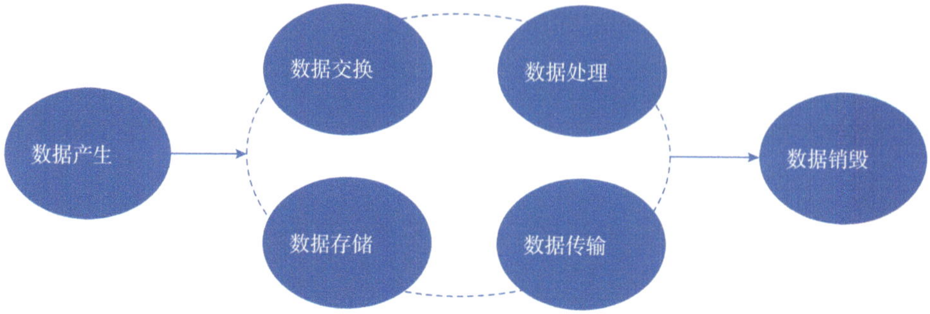

图 4-1 数据生命周期管理流程

资料来源：作者自制。

二、公共数据管理机构

2023 年 2 月，中共中央、国务院印发了《数字中国建设整体布局规划》，在国家层面上强调要健全各级数据统筹管理机构。我国现有的公共数据管理机构可以分为大数据行政管理机构、各个政府业务部门、大数据交易机构 3 种类型。

（一）大数据行政管理机构

大数据行政管理机构是指专门负责制定和实施大数据发展战略、规划和政策，推动大数据研究和应用，统筹推进大数据产业发展并组织制定数据治理的标准规范和考核体系等职责的政府机构。这些机构通常负责宏观层面的数据治理，包括数据的采集、存储、处理、分析和共享，以及数据安全和隐私保护等。大数据行政管理机构的组建方式分为重新组建政府工作部门、原有职能部门加挂牌子、政府直属或部门下设事业单位[①]（见表 4-1）。

表 4-1 2018 年国务院机构改革后设立的 11 家省级大数据局

省（区、市）	机构名称	机构类型
北京	北京市经济和信息化局	挂牌机构
吉林	吉林省政务服务和数字化建设管理局	直属机构

① 门理想：《地方政府数据治理机构研究：组建方式与职能界定》，《兰州学刊》2019 年第 11 期。

续表

省（区、市）	机构名称	机构类型
浙江	浙江省大数据发展管理局	省人民政府办公厅管理的机构
安徽	安徽省数据资源管理局（政务服务管理局）	直属机构
福建	福建省数字福建建设领导小组办公室（福建省数据管理局）	省发展改革委管理的机构
山东	山东省大数据局	直属机构
河南	河南省数据局	省人民政府办公厅管理的机构
广东	广东省政务服务和数据管理局	直属机构
广西	广西壮族自治区大数据发展局	直属机构
重庆	重庆市大数据应用发展管理局	直属机构
贵州	贵州省大数据发展管理局	直属机构

资料来源：《省级大数据局的机构设置与职能配置：基于新一轮机构改革的实证分析》。

（二）各个政府业务部门

各个政府业务部门是指负责政府数据的采集、存储、处理、分析和共享的政府部门。政府业务部门的工作涉及数据的全生命周期管理，从数据的产生、汇集、加工到应用，都需要政府业务部门的参与和协调。

（三）大数据交易机构

大数据交易机构是指专门从事数据交易活动的组织或平台，如北京国际大数据交易所、上海数据交易所、贵阳大数据交易所等。大数据交易机构的核心功能是促进数据的流通和价值转化，同时提供数据整合、信息发布、交易撮合等服务，并且承担数据确权、合规等信用背书的功能。

三、公共数据治理

2022—2024 年与公共数据治理相关的文件如表 4–2 所示。

表 4-2 2022—2024 年公共数据治理相关文件

相关文件	发布时间	文件主要精神
《中共中央办公厅 国务院办公厅关于加快公共数据资源开发利用的意见》	2024 年 9 月 21 日	加快公共数据资源开发利用，推进数据要素市场化配置改革
《“数据要素 ×”三年行动计划（2024—2026 年）》	2023 年 12 月 31 日	充分发挥数据要素乘数效应，赋能经济社会发展
《落实〈数据二十条〉精神高质量推进公共数据开发利用》	2023 年 3 月 17 日	准确把握公共数据开发利用的政策导向，高质量推进公共数据开发利用
《中共中央 国务院关于构建数据基础制度更好发挥数据要素作用的意见》	2022 年 12 月 2 日	加快构建数据基础制度，助推数字经济和数字文明建设

资料来源：作者自制。

（一）聚焦三大任务方向

党的二十大报告对全面建成社会主义现代化强国作出了战略部署，擘画了以中国式现代化推进中华民族伟大复兴的宏伟蓝图，也对建设网络强国、数字中国，发展数字经济提出了新的要求。公共数据治理要聚焦三大任务方向。

1. 政府部门之间的数据共享

主要任务包括加强顶层设计、压实责任机制、促进数据回流、畅通供需环节、推动数据融合、加强共享评价等。

2. 政府部门向社会的数据开放

主要任务包括健全开放体系、完善开放机制、提高开放实效、推进场内开放、控制开放风险等。

3. 公共数据授权运营

主要任务包括建立授权机制、明确授权条件、明确主体责任、加强要素供给、合理分配收益、构建开发生态等[①]。

（二）明确5个价值导向

公共数据开发利用应该有助于中国式现代化的建设，突出公共数据的5个应用价值导向。

一是赋能公共治理。充分利用公共数据赋能国家治理体系和治理能力现代化，提升国家治理、地区治理、行业治理、应急管理能力。

二是助推要素市场。充分释放公共数据权属纠葛少、集聚程度高、管控力度大的价值，带动数据要素市场发展。

三是促进共同富裕。将公共数据作为可共享程度最高的新型生产要素，取之于民、用之于民、共享共创，以数据赋能全体人民共同富裕。

四是助力创新创业。充分发挥公共数据基础性、权威性、通用性特征，推动公共数据在千行百业的应用，赋能各领域创新创业。

五是维护公共利益。公共数据必须坚持维护公共利益、确保公共安全的基本价值导向，避免公共数据被不当、非法利用。[②]

四、公共数据的问题与建议

（一）公共数据使用存在的问题

1. 公共数据质量不高

当前公共数据的质量有待提高，主要表现在数据的完整性有待加强、真实性难以辨别、精确性有待提高、及时性有待完善。主要原因有以下4点：一是历史数据遗留问题导致的数据质量不高；二是数据采集标准不一导致的数据质量不高；三是数据质量管理机制不健全导致的数据质量不高；四是数

①② 《落实〈数据二十条〉精神 高质量推进公共数据开发利用》，国家发展和改革委员会，2023年3月17日。

据流动不畅导致的数据质量问题[①]。

2. 公共数据"回落难"

公共数据"回落难"具体体现在基层部门向上沟通数据"回落"的决策链条长，调取数据的程序烦琐、时间花费的周期长、相互协调的难度大，数据"回落"过程存在不透明、不可靠、不确定的问题。整个数据"回落"协调过程中，上级部门掌握主动权、裁量权，下级部门只能被动等待[②]。

（二）公共数据使用的风险与挑战

1. 公共数据安全风险

数据处理过程中的安全风险多样，在数据收集、加工、提供和出境等环节，存在数据超范围收集、超授权加工、数据流通无合法性基础的违规风险以及数据出境的不可控风险。同时，不同地区和部门的数据分级分类标准、数据管理和保护机制以及风险防范意识在短时间内难以达到协调统一，导致数据安全保护存在隐患。

2. 大规模数据泄露和个人隐私保护不足风险

公共数据在汇聚及流转共享过程中，可能会被未授权人员或非法组织获取和利用，导致数据泄露。政务数据中包含大量的个人信息，部分数据面向社会开放前，未经过脱敏、截断、遮挡等处理，易导致个人信息泄露。

3. 技术和人才挑战

公共数据来源多样，数据数量的爆炸式增长以及数据结构的复杂性，给数据整合、处理和分析带来了巨大的挑战。如何在将先进的技术同政务服务与社会治理业务紧密结合的同时保障个人隐私权益，成为亟待解决的问题。除此之外，随着公共数据使用的技术手段和方法不断更新，部分人员可能难以跟上技术更新的步伐，导致专业技能滞后。同时，在实际工作中，如何激励相关人员积极参与数据治理工作，也是当前面临的一个重要问题。

---

① 吴培熠、梁正、黄甄铭：《关于提高基层公共数据质量的若干建议》，《重点领域人工智能治理挑战及对策研究项目研究专报》2021 年第 7 期。

② 吴培熠、梁正、黄甄铭：《关于解决基层公共数据"回落难"问题的建议》，《重点领域人工智能治理挑战及对策研究项目研究专报》2021 年第 8 期。

（三）公共数据使用的政策建议

1. 提升公共数据质量

首先，稳步推进政府老旧数据系统改造升级，制定面向全国的信息化平台系统的建设标准指南，组织评估各主要系统现状，要求各相关单位遵照标准进行自查，根据评估结果梳理亟须新建（或整合组建）、改造、关闭的平台系统目录。其次，探索建设数据标准规范体系，建议由国家层面牵头制定或统一数据标准规范体系，以解决由于数据标准规范不一致引起的数据壁垒问题，进而实现数据从生产到汇聚再到应用等一系列环节的标准化。最后，加快推行数据质量管理办法，各地应结合本地数据质量实情，探索建立一套贯穿数据全生命周期的数据质量管理办法①。

2. 解决基层公共数据“回落难”问题

首先，加强数据“回落”的安全保障，加强安全技术建设和安全管理组织保障建设，同时提高安全评估能力建设，推行保障数据安全效能的评估办法。其次，实现数据“回落”的技术升级，强化数字基础设施建设，充分发挥区块链、云计算、人工智能等新兴技术优势，持续优化数据“回落”的算法模型，进而不断增强数据“回落”的技术保障。最后，创设数据流动的激励机制，以数据“回落”为切入口，数据开放共享次数可同部门考核挂钩，建立共生共建的数据交换共享常态化机制，促进数据资产效用价值的充分发挥②。

3. 优化数据开放平台

首先，在平台互联方面，加快推进各层级公共数据开放平台的互联互通，制定统一的公共数据开放平台管理制度和标准规范，构建全国统一的公共数据开放平台体系，逐步形成一站式、便捷化、全口径的公共数据开放服务能力。其次，在平台功能方面，从社会公众的角度出发，不断增强搜索能力，加强完善二级搜索，加强对数据的分级分类管理、关联数据管理，便捷社会

---

① 吴培熠、梁正、黄甄铭：《关于提高基层公共数据质量的若干建议》，《重点领域人工智能治理挑战及对策研究项目研究专报》2021 年第 7 期。

② 吴培熠、梁正、黄甄铭：《关于解决基层公共数据“回落难”问题的建议》，《重点领域人工智能治理挑战及对策研究项目研究专报》2021 年第 8 期。

公众，完善互动板块的设计，及时展示交流意见和互动情况。最后，在数据保护方面，应建立健全公共数据开放平台的安全管理机制，加强密码技术、身份鉴别技术、数据沙箱技术等关键技术的研究和应用，防范和化解公共数据汇聚和开放可能引发的各类数据安全风险挑战。

4. 培养专业人才与提升数字素养

首先，政务部门可以通过优化选拔机制、创新培养模式、强化专业能力提升、加强数字技术培训和实践应用等措施，不断提升政务人才的专业素养和数字素养。其次，建立健全基于岗位价值、能力素质和业绩贡献的技能人才薪酬分配制度。最后，组织数字素养提升活动，如数字技能竞赛、数字技术应用案例分享等，激发工作人员的学习热情和实践动力，逐步培养一批既懂政务业务又掌握人工智能技术的复合型人才。

第五章 “人工智能 + 政务服务与社会治理”的产业生态

一、“人工智能 + 政务服务与社会治理”的产业结构

融合人工智能的政务服务与社会治理产业涉及供需两侧的多环节链式结构，包括上游的技术供应、中游的集成服务和下游的运营落地。这一平台整合了物联网、大数据和人工智能等前沿技术，为各类组织提供了设备生产、质量保障和供应的全生命周期管理解决方案。

（一）上游技术端

产业链上游主要聚集技术供应商，包括硬件供应商和模型技术提供商两大类。硬件供应商涵盖了芯片、服务器、存储系统以及算力平台等关键组件，模型技术提供商提供操作系统、云计算服务、数据库和 AI 算法框架等，为大规模模型训练提供了必需的技术和设施。数据集包括大模型通用训练数据集、政务服务领域专用政策文件与社会治理应用具体事件，提升人工智能的政策适用性。

（二）中游服务端

“人工智能 + 政务服务与社会治理产业”高度依赖于生成式人工智能与政务大数据和社会治理场景的整合。中游服务端是“人工智能 + 政务服务与社会治理”产业链的核心，包括模型供给方与行业解决方案提供商。在政务应用场景中，政企联合开发的专用政务 AI 模型与现有通用模型实现协同应用。

生成式人工智能模型的应用是这一领域的标志性成果，其依托通用大模型、政务大模型或“大模型 + 小模型”架构，通过处理海量数据和算法调度，

与特定应用场景相结合，从而发挥核心作用。通过利用政策信息、政务经验等特定数据集进行深度学习，并利用应用程序编程接口、微服务架构等技术，将模型嵌入各种政务系统，以实现业务流程的智能化升级，实现预测政策效果、优化政务流程和提升公共服务质量。模型的供应商包括专业的 AI 公司和特定政务大模型的制造商，它们在政务服务领域拥有成熟的产品和解决方案，例如中国电信和科大讯飞等公司。

在应用端，解决方案提供商负责提供定制化的行业解决方案，根据特定需求对模型进行训练，以适应复杂的政务服务和社会治理环境，同时将实践中产生的数据不断更新到模型训练集，以持续优化模型。

（三）下游运营端

产业链的下游主要是产品应用运营方，它们与政府机构对接。根据应用场景的不同，运营方根据政务服务与社会治理两大应用场景，实现适应政务端的政府服务、政府运行和社会治理三大应用场景并实现相关模型落地（见图 5-1）。下游体现了由人工智能产业的 G 端向人工智能与政务服务、社会治理融合的转变。

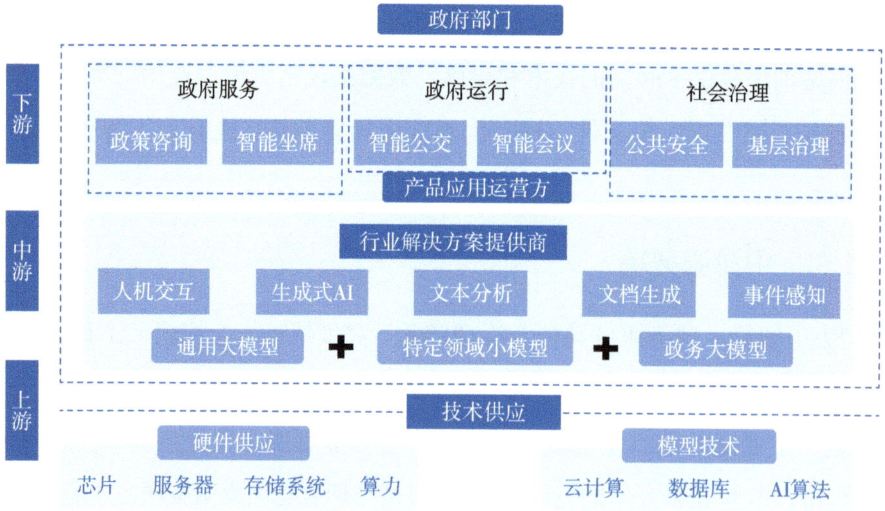

图 5-1 “人工智能 + 政务服务与社会治理”产业结构

资料来源：中移集智《政务大模型产业图谱研究报告》。

二、"人工智能 + 政务服务与社会治理"产业的政企合作模式

政府与技术供应商、模型与解决方案提供商以及相关运营商形成合作关系，共同驱动"人工智能 + 政务服务与社会治理"产业发展。在人工智能技术飞速发展的当下，各行各业抢抓 AI 产业化、产业 AI 化的战略机遇。由于"人工智能 + 政务服务与社会治理"产业面向政府端提供服务，并最终将服务提供给人民群众，其公共属性决定了该产业的合作模式以政府为主导，以下是政府与产业链中的企业的合作模式。

（一）"政府 + 基础云厂商"

相关基础云厂商提供相关芯片、服务器等硬件基础设施以及云计算、数据库、人工智能等技术服务，在扎根完善技术基础设施的同时，向上不断与各环节合作，巩固产业基础作用。

（二）"政府 + 模型供应商"

随着市场规模和支持技术不断发展，模型发展方向分化。当前，"人工智能 + 政务服务与社会治理"领域产品使用技术包括通用大模型、政务大模型以及特定领域小模型，由此衍生出政府与人工智能厂商的合作模式。

通用模型供应商是人工智能领域的专业企业，如阿里云、腾讯云等，具备高超模型技术与专业化产业链合作能力。通用模型供应商针对政务服务与社会治理需求，将专用政务公文、治理案例提供给通用模型，同时加强与相关政务服务厂商合作，结合专业化政务服务与社会治理场景，通过定制化开发增强模型的专业性，不断实现产业人工智能垂类模型落地。

（三）"政府 + 行业解决方案供应商"

政府与智能化领域集成商合作，它们提供技术与具体服务相结合的解决方案，提升模型与政务服务和社会治理场景的契合度，充分实现政府公共管理功能，打造服务型政府。在应用过程中，将处理事件的数据反哺模型，打通上游中游合作能力，更好发挥产品服务功能。

（四）“政府 + 运营商”

运营商具备全面的行业数据以及庞大的客户基础，政企合作经验丰富，属于整条产业链的最后一环，与其他企业同政府一道相互协作，共同促进产业完善。

（五）“政府 + 综合云厂商”

具有互联网背景的云服务商能够提供软硬件整合方案，并且能够结合模型的创建与训练及丰富的政企合作经验，实现产品定制化服务，打造完整的产业生态系统。

三、“人工智能 + 政务服务与社会治理”的产业发展特点

（一）产品通用技术与本地特色相结合

各地政府在选择政务智能化合作伙伴时，倾向于选择本地企业，以实现本地企业发展和产品服务本地化的需求。各地的政务模型根据当地需求进行特殊训练，结合政府的实际需求开发应用，并利用用户反馈数据进行及时改进。此外，各地相关产品的开发更加注重合作与借鉴，促进数据共享，降低交流成本，创造出具有普遍适用性的政务大模型。

在政务数据处理与确权方面，不同地方政府在政务数据的开放程度、格式等方面存在差异，数据背后的政府部门权责关系同样复杂，需要进行全盘统筹，推动政务数据开放与协同，为人工智能应用提供更丰富的政务数据。当前，“人工智能 + 政务服务与社会治理”的重点正从技术开发端转向场景应用端，推动不同场景的普适性应用，有助于促进资源共享，构建数字政府一体化协同体系。

（二）产业从数字化向智能化发展

AI 模型已经从单一的语言模型发展到多模态模型，能够处理文本、图像、音视频等多种数据类型。如图像识别用于城市管理监控视频分析、语音识别与合成用于智能客服、多模态理解用于综合事件处理。而政务服务与社

会治理领域对数据的保密性和单一性提出了更高的要求，因此需要软硬件技术的优化支持。

同时，“人工智能＋政务服务与社会治理”的技术基础依赖硬件设备，服务器和算力供应商应进行技术积累并不断实现技术突破。在算力领域，优化算力资源布局是未来“人工智能＋政务服务与社会治理”产业发展的关键。针对数据领域，实现优质数据要素的整合、形成专业化数据库是人工智能模型研发的重要保障。

（三）产业融通发展与模式规范化

目前，人工智能技术端企业在与政府部门合作方面存在经验不足等问题，而政务解决方案供应商缺乏人工智能技术研发经验。通过技术端、应用端与运营端的融通，有利于形成综合优势，提升产业基础能力，共同推进相关产品的落地。

国际数据公司（IDC）与浪潮信息联合发布的《2023—2024 中国人工智能计算力发展评估报告》显示，2023 年我国人工智能在政府服务行业的应用渗透度达到了 65%。人工智能在政务服务和社会治理中的应用呈现出从内到外、从上到下、从点到面的发展趋势。未来，各行各业将结合实际需求，参与“人工智能＋政务服务与社会治理”行业标准的制定，针对其关键技术、应用场景制定行业规范，作为企业发展的参考，提升该行业发展的范式，降低开发成本，促进技术合作与创新，实现产业链的纵向延伸。

（四）产业发展与政府转型相伴而生

当前，公众对个性化政务服务的需求日益增长，政府正在从管理型向服务型转变。尽管“人工智能＋政务服务与社会治理”产业起步较晚，但我国政府高度重视人工智能在政务服务和社会治理中的应用，并出台了相关政策以支持产业发展。目前，我国各地政府正通过政策引导，在政务热线、智能客服、城市治理、医疗、教育等领域进行试点，与云服务提供商、运营商、人工智能技术供应商等合作，为政府治理能力的现代化提供了强有力的支持。据中国信息通信研究院统计，2023 年中国政务行业大模型典型服务场景中，

31.9% 的政务大模型应用于政府办公，27.5% 应用于政府服务，22.0% 应用于公共管理领域，而公共安全领域只占 5.5%，仍有较大的拓展空间。

（五）重视出海，把握国际发展机遇

各国都在鼓励人工智能与政务服务和社会治理相结合。在应用的广度上，包括美国、英国、澳大利亚、加拿大在内的多个国家已经开始将人工智能应用于政府事务管理。在应用的深度上，一些国家政务领域的 AI 产品的认知率和利用率已经达到了较高水平。为了适应这些变化，组织和人才的调整至关重要。自 2023 年以来，多个国家发布了关于政府机关使用生成式人工智能的临时指南，以规避技术风险并推动合规应用。美国在数字化转型方面取得了显著成效，其各行各业生产效率的提升有 80% 归功于数字化。中国虽然在数字化进程中取得了长足进步，但仍有巨大的发展空间。根据牛津洞见（Oxford Insights）发布的《2023 年全球政府人工智能就绪指数评估报告》，我国政府人工智能就绪指数排在全球第 16 位。未来还需要加大智能化建设力度，全面推广人工智能在各行业的应用，以促进生产效率的全面提升。

四、“人工智能 + 政务服务与社会治理”的产业投资建议

在人工智能与政务服务和社会治理领域的投资，必须充分考虑该产业的特定需求、优势以及面临的挑战。人工智能的安全性、稳定性、可靠性和高效性是其在该领域的核心优势，也是推动行业未来发展的关键因素。基于此，提出以下投资建议。

（一）强调安全性与可靠性

未来，人工智能模型的安全性和可靠性是行业发展的关键。在人工智能与政务服务和社会治理的融合过程中，人工智能模型需要处理大量敏感的政府数据，包括个人信息、企业数据和政务信息等。因此，评估投资对象时，关键指标包括模型的透明度和个人隐私保护措施的有效性。同时，投资决策应平衡效率与效果，考虑数据隐私保护与模型技术提升之间的潜在矛盾，重点评估安全程度和技术先进性之间的平衡。

（二）紧跟技术投资趋势

技术是“人工智能 + 政务服务与社会治理”产品研发的基础，贯穿产业链的全过程。在算力方面，投资应倾向于我国欠发达地区的算力投入，以解决区域间算力规模不均衡和智算资源供应不足的问题，推动各地政府的数智化转型。在技术层面，目前我国的政务服务模型应用主要以语言模型为主，但在可解释性方面存在不足。整合不同模态的特征，可以更好地适应政务场景的丰富性和多样性。同时，随着人工智能模型的轻量化发展，预计更多小模型将在政务服务和社会治理领域发挥作用，真正推动行业的智能化发展。

此外，预测大模型和决策大模型在“人工智能 + 政务服务与社会治理”行业得到广泛应用，未来，具备实时交互能力的具身智能大模型将在自然语言大模型和多模态大模型之后，应用于政务服务和社会治理场景，其核心在于 AI 系统通过与物理环境的交互来学习和行动。如在应急管理领域，具身智能大模型可应用于搜索救援场景，执行高风险任务，确保救援的安全性和可行性。新一代智慧政务大数据基础服务平台采用大数据、人工智能等多项先进技术。在开发过程中，应注意协调技术的先进性与成熟性，加大关键技术的研究和原型试验力度，确保技术的实用性和可靠性。针对相关领域的投资应注重产品技术应用，促进相关产品创新。

（三）注重全面性服务评估

由于政务服务和社会治理场景的复杂性和多样性，许多人工智能模型仅适用于特定场景，缺乏泛化能力，导致应用效率低下和使用成本高昂。未来行业发展的关键在于开发能够满足用户全面需求的“一站式”人工智能解决方案，并构建完整的生态系统。这种一体化模型能够显著提升资源配置的效率。

第六章 人工智能在政务服务与社会治理领域的推广策略和实施路径

一、加强顶层设计与政策引导，促进人工智能和政务服务与社会治理深度融合

人工智能的主要作用是解放生产力、提高政务服务和社会治理效率。随着新技术不断开发、人工智能应用领域不断拓展，政务服务和社会治理水平也在不断加强。为此，政府要抓住这个契机，加强顶层设计与政策引导，制定相关发展规划，为人工智能融合政务服务和社会治理“铺路搭桥”，通过技术创新推动政务智能化、治理智能化发展。要正确处理好政府与社会、法治与德治、价值理性与工具理性之间的关系。

首先，在政府与社会的关系上，必须统筹协调党委领导、政府负责、社会协同和公众参与的多重关系，确保各方力量的有机结合与高效发挥。党委作为政治领导核心，承担着决策引领和方向把控的职能，确保社会治理始终朝着正确的政治目标前进。政府则负责具体政策的制定与实施，通过行政资源的统筹调配，保证社会事务的有序运行。在此过程中，政府的主导作用即“有形之手”发挥着关键性作用，通过法律、行政手段和制度安排对社会资源进行分配和管理。然而，仅依靠政府力量难以应对复杂的社会治理需求，因此，需要积极调动社会力量，充分发挥社会组织和市场机制的“无形之手”作用，以弥补政府职能的不足。同时，公众作为治理的直接参与者，通过民主参与和公共监督，能够有效提高治理的透明度与公正性。通过统筹协调“有形之手”与“无形之手”的各自优势，可以实现资源配置的最优化和社会治理效能的最大化。

其次，在政务服务和社会治理中，既要依托法治手段，通过法律和制度保障规范性与权威性，又要注重德治方略的运用，通过道德引导和社会共识形成柔性调节机制。法治的刚性和德治的柔性相结合，可以实现“刚柔并济”的治理效果，既确保社会管理的规范与秩序，又促进社会和谐并提高凝聚力，从而推动政务服务效率与社会稳定的全面提升。

最后，在价值理性与工具理性的关系处理中，既要重视政治建设、民主参与、社会公正等价值导向，确保政务服务和社会治理始终坚持正确的价值追求，又要合理运用人工智能等技术手段提升治理效率与服务质量。价值理性强调以人民利益为中心，通过民主参与和社会公平等核心理念引导治理方向；工具理性则注重技术方法的应用，利用人工智能等工具优化资源配置、提升决策精准度与行政效率。两者的有机结合，既能确保治理实践符合社会价值追求，又能通过现代技术的引入提高政务管理和社会治理的科学性与高效性，从而实现价值导向与技术创新的协同发展。

二、推进数据共享与保障数据安全，提升数字政府建设和社会治理水平

数字政府建设和社会治理工作的重中之重就是要实现数据的共享，只有充分发挥数据的基础资源作用和创新引擎作用才能推进“人工智能+政务服务与社会治理”的深化。同时，数据共享也是人工智能嵌入政府政务服务和社会治理的基础，数据共享机制不全会导致人工智能技术功能发挥受限，无法提供生产可供性、社交可供性。因此，推进数据共享和保障数据安全非常重要。

首先，推进人工智能嵌入政务服务的首要目标是厘清物理空间中各部门之间的关系，打破部门主义障碍。只有打破各部门制度壁垒，使制度与技术结合，才能推进后续的数据共享与数据互通工作，实现政务数据信息价值最大化。这需要在上级政府部门的引领下进一步深化政府内部机构改革，实现政府机构职能的整体性、系统性重构。

其次，推进人工智能嵌入社会治理的首要目标是加强社会治理数据采

集的全面性和可靠度，这关乎社会治理决策的科学化程度。推进社会治理信息采集的全面数据化需要从源头上厘清各项社会治理数据来源，确定数据传输的各项渠道，审定各项大数据平台网络载体资格，真正统筹协调社会治理的运行逻辑和数据应用的发展规律，让数据运行周期更好地服务于社会治理周期。

再次，需要构建数据目录体系，完善数据标准化工作。标准统一的数据是后续数据共享的前提与基础，数据标准不统一会导致数据共享工作受阻，引起技术运行的低效率。数据目录体系应该实施动态管理，定时更新，并对体系内成员开放共享。在数据目录体系编制过程及动态管理过程中，对数据进行严格分类，确保数据质量的真实性、准确性、连续性、完整性。

最后，保障数据安全是人工智能服务于政务服务和社会治理的关键。不可否认，人工智能依然存在一定的技术安全缺陷，容易产生安全隐患。为确保数据的安全性，需要实施严格的数据安全治理措施，包括数据加密传输、访问权限控制、数据脱敏处理、定期进行安全审计，并遵循国家关于数据保护的相关法律法规，确保数据处理过程合法合规。在数据流通过程中，确保所有数据的使用均经过明确授权。通过与政府部门签署数据授权协议，明确数据使用的范围、目的及期限，保障政府数据的合法权益。同时，实施严格的授权管理流程，确保数据在授权范围内被合理使用，避免未经授权的数据泄露或滥用。对于敏感数据和个人信息，采取额外的安全措施，确保数据主体的隐私得到充分保护。

三、框定场景范围，分类且循序推进应用

人工智能赋能政务服务与社会治理应用广泛，需要根据政府职能、公众需求，精准框定人工智能大模型的应用场景，如智慧政务、公共服务、城市管理、社会治理等，不同的场景选择不同的大模型类型。

一是辅助型大模型。上海市宝山区“小鲸 AI ”是一款为社区工作者研发的人工智能大模型应用；腾昕科技“家庭警察”民情民意全时感知系统是一款集智能化、网络化、高效化于一体的轻量化社区警务治理创新产品。

二是交互型大模型。中科大脑“接诉即办”智能问数大模型充分发挥模型在深度语义理解、内容生成、智能交互等方面的核心优势，实现了诉求派单、处置、分析、主动治理等“接诉即办”流程的智能化升级。

三是专家型大模型。汇信科技“法智通·行业专家大模型体系”整合综合监管相关数据资源，构建一整套从大模型基础能力到知识库再到支撑专业应用场景的行业专家大模型，最后通过“法智通·AI执法智能体”应用实现对各综合监管部门业务场景的服务能力。

四是安全型大模型。安星智能体拥有安全垂直领域大小模型自主协同技术体系，将启明星辰的安全产品和AI专项安全小模型叠加，与大模型强大的意图理解和推理能力进行融合，构建了由安全大模型驱动的全场景安全智能化运用解决方案。

五是预测型大模型。绍兴市越城区社会矛盾预防化解智慧工具聚合民情日志、社会舆情、咨询投诉、风险评估报告等不同来源信息，实施问题线索聚合探查。应用大数据技术，对各项信息记录进行语义要义智能化解析，厘清事件、关系、情绪特征，通过交叉匹配验证与钻取，追踪是否存在群体反馈、激情反馈、涉政反馈，形成问题线索报告提醒管理人员介入。

六是多模态融合大模型。上海市浦东新区数字人“小浦”由数字人、专用人工智能及政务大模型等技术融合生成，为企业群众提供7×24小时不间断的互动交流、业务咨询和智能帮办服务。针对目前“小浦”还不能完全理解和胜任的特殊需求和复杂工作，也会交由人工接管，确保企业群众的事切实办好办成。

通过场景细分和模型选择，实现技术应用的精准对接和高效落地。针对不同应用场景的特点和需求，制定差异化的推进策略。对于成熟度高、需求迫切的场景，优先开展试点示范；对于技术复杂、风险较大的场景，加强技术攻关和风险评估，逐步推进。值得注意的是，模型训练需要先专注基础的逻辑，再不断深化模型训练内容，逐步提高大模型应用范围和输出结果的准确度。

下篇

典型案例

为了深入了解人工智能在政务服务与社会治理领域的应用情况，本书编写团队围绕政务服务、社会治理和政府运行三大板块，先后调研了北京、上海、深圳、杭州等地的相关机构，深度访谈了上海浦东新区政务服务中心等政务部门主要负责人、中关村科学城城市大脑股份有限公司等技术企业主要负责人，生动呈现11个经典案例。基于实地调研和案例分析，总结人工智能在政务服务与社会治理领域的应用前景和挑战。研究发现，人工智能将显著提升政务服务和社会治理的质量，驱动组织、业务和流程的变革，推动数字政府建设模式的革新，助力公共数据开发利用和人工智能应用落地。但是在标准建设、数据利用和保护等方面仍存在问题，需要在不同场景中进一步探索“人工智能＋政务服务与社会治理”的技术应用方式和价值创造方式。

第七章 华信永道“智道奇点SagesrvGLM”大模型打造政务服务新质生产力

一、案例概要

（一）基本情况

2024年5月，华信永道（北京）科技股份有限公司（简称“华信永道”）和北京智谱华章科技有限公司（简称“智谱AI”）联合发布了政府服务垂类AI大模型——“智道奇点SagesrvGLM”大模型，旨在以新质生产力变革政务服务发展新模式。“智道奇点SagesrvGLM”赋能政务服务客服咨询和业务办理，打造问题精准解答、业务高效办理的创新服务模式。项目的首期应用场景主要针对住房公积金业务，以全方位客服咨询和边聊边办为切入点，通过全链路评测，准确率达到了89.06%。“智能奇点SagesrvGLM”在提高政务服务的效率和用户体验方面具有显著的优势，并能帮助政府部门实现降本、提质、增效。

项目经过6个月的研发，经历4轮迭代。华信永道作为行业需求方和研发责任方，主要负责行业知识输出、语料标注和测试、业务标注、知识工程、模型微调、中控平台开发等工作。智谱AI作为通用大模型能力责任方，主要负责基座大模型构建、模型训练、指令集梳理等工作。

（二）项目亮点

1. 降本

通过应用“智道奇点SagesrvGLM”大模型所构建的智能客服系统，政务办公人员的人工客服成本得以显著降低。以华信永道现有客户的公开数据为参考，选取了4个大型城市的客户单位进行对比分析。在维持30%人工客服保留率的前提下，对比3年、5年、8年的建设总成本，使用智能客服系统后，成本平均降低了40%~55%；人工坐席成本降低了30%，知识库维护成本减少了50%，咨询转人工的比率降低了35%。

2. 提质

借助“智道奇点 SagesrvGLM”大模型的智能服务场景，住房公积金中心的客户服务水平得到了全面提升。与现有同行业住房公积金智能客服对比，知识面更宽、问答能力更强，更准确；与现有人工坐席客服对比，实现了无差异化、更高质量的服务。

3. 增效

通过“智道奇点 SagesrvGLM”大模型对服务数据和管理数据的深入分析与决策支持，住房公积金运营资源的投放更加精准，利用效率得到显著提高。以大型客户城市为例，升级后的AI大模型智能客服系统使得首次咨询即解决问题的比例提升了40%，知识迭代的速度加快了65%。同时，该系统能够处理更大规模的客户咨询，提供7×24小时全天候服务，服务能力较之前提升了4.2倍；平均响应时间缩短至不超过5秒，平均处理时间减少了30%。用户满意度显著提升，增幅达到20%，且交互的自然度也提高了75%。

（三）项目特点

1. 大模型端到端服务

一是实现直接与用户间端到端的问答；二是大模型经过训练或微调，可以逐步直接参与到生产实践活动中。

2. 精准无幻觉智能问答

一是有效阅读和理解政策原文；二是根据用户问题，进行精准回答；三是提供专业性问答的同时又有边界感，不杜撰编造误导用户。

3. 智能业务引导

一是根据用户意图和会话概要，推荐和引导用户办理需要的业务；二是后续结合用户画像提供更个性化、更精细化的智能服务。

4. 智能回答高准确率

在多个住房公积金业务场景中的准确率全面领先其他通用模型。从住房公积金业务归集、提取、贷款三大业务场景中选择难度系数分别为高、中、低的100个常见问题，对“智道奇点SagesrvGLM”大模型与国内其他知名的3个通用模型（代号分别为K、W、X）分别进行无差别测评，在上传“投喂”住房公积金相关知识后，再次进行无差别评测，发现“智道奇点SagesrvGLM”大模型的准确率仍全面领先（见表7-1）。

表7-1　不同通用大模型智能问答准确率对比情况

大模型	智能问答准确率：“投喂”领域知识之前（100个常见问题）			智能问答准确率：“投喂”领域知识之后（300个常见问题）			
	归集	提取	贷款	归集	提取	贷款	其他
智道奇点SagesrvGLM	92.90%	85.20%	100%	90.40%	84.40%	85.90%	85.70%
K大模型	35.70%	51.90%	18.80%	82.20%	45.50%	67.20%	78.60%
W大模型	7.10%	51.90%	18.80%	43.80%	24.70%	18.80%	35.70%
X大模型	21.40%	18.50%	6.30%	41.10%	16.90%	14.10%	57.10%

资料来源：作者自制。

二、技术架构

本项目依据端云协同的智能计算技术架构，通过集群计算设备实现了大规模数据处理与算法调度的功能。整个技术架构由以下层次构成（见图7-1）。

1. 大模型基础环境层

该层次作为住房公积金信息化建设的基础设施环境，包括服务器、数据存储系统、算力支持设施以及网络安全防护措施，确保项目运行的稳定与安全。

2. 大模型应用能力层

此层次集成了住房公积金归集、提取、贷款、财务、运营等多元数据资源，并基于智谱大模型（GLM-3-32B）通用模型和智能中控平台，进行大模型方案设计、指令迭代、算法微调与多轮评测。结合大语言模型（LLM）、检索增强生成（RAG）、智能体（Agent）等技术，提供了符合政务服务事项标准、窗口服务规范以及高效服务要求的技术支撑能力。

3. 大模型创新场景层

基于大模型集成环境与应用能力，该层次致力于探索与拓展政务行业的创新应用场景，旨在提升政务服务的质量、效率与智能化水平，为政务服务的未来发展奠定坚实基础。

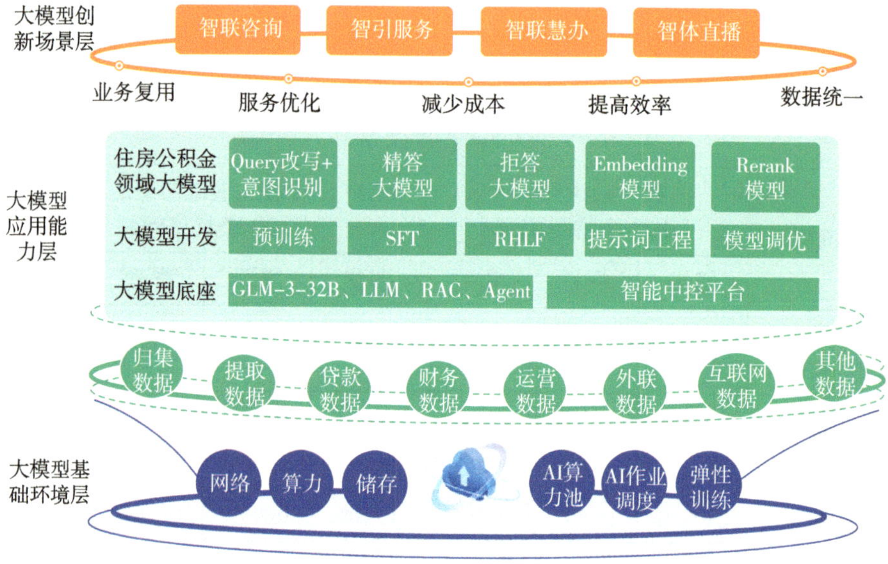

图 7-1 “智道奇点 SagesrvGLM”大模型技术架构

资料来源：作者自制。

三、业务介绍

（一）业务对象

业务对象包括但不限于：住房公积金及其他政务服务的用户，包括缴存职工、缴存单位、合作客户等，使他们享受更快速、更精准、更智能的政务服务；住房公积金及其他政务服务客服人员，通过自动化流程提高工作效率。

（二）业务流程

1. 用户接入与交互启动

通过官方网站、App、微信公众号等多种渠道提供智能客服服务入口。

2. 需求识别与响应

整体流程可分为智联咨询、智引服务、智慧联办 3 个阶段，3 个阶段可以是串行的，也可以是分离的。基于“智道奇点 SagesrvGLM”大模型，智能客服能够准确把握客户的意图和需求，智能选择相应处理流程（见图 7–2）。

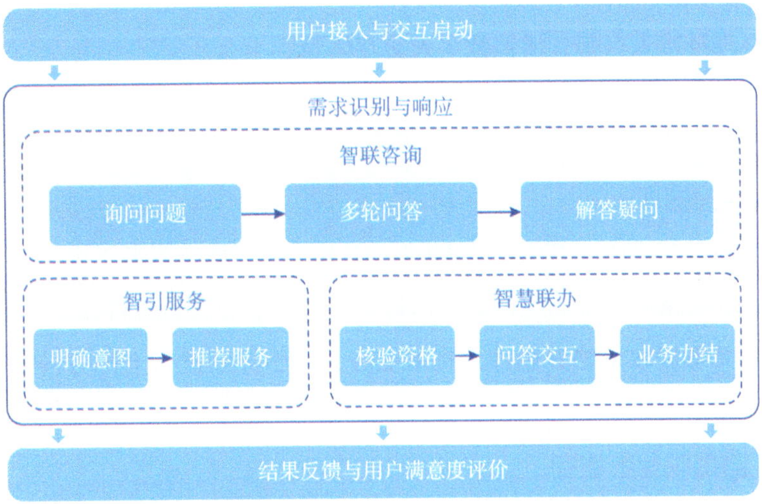

图 7-2 “智道奇点 SagesrvGLM”大模型业务流程

资料来源：作者自制。

（1）智联咨询

对用户提出的问题，智能生成精准答案，支持多轮问答，提供专业的政策咨询和业务咨询，进行规范性、一次性告知、关联推荐的专业回答。

（2）智引服务

基于对话过程明确客户意图，结合已授权认证客户的数据联查，主动引导客户办理业务，主动推送“猜你想办”“资格可办”等业务，从用户被动找服务变为服务主动找人。

（3）智慧联办

打造“边聊边办”新模式。可通过身份认证（人脸识别）查看是否具备业务办理资格。如果客户具备提取资格并确认办理意愿，可通过简单语言交互，“一窗式”完成业务办理。

3. 结果反馈与用户满意度评价

用户咨询或业务办理完成后，智能客服能够及时与业务系统联动，向公众反馈处理结果。同时，在反馈信息中融入服务满意度评价环节，鼓励公众对服务进行评价，以便持续改进服务质量。

4. 智体直播

采用基于“智道奇点 SagesrvGLM”大模型的数字人客服，实现虚拟数字人实时、不间断地进行住房公积金行业政策宣传与解读，展现各地住房公积金业务办理链接入口等，增强数字人交互体验。

（三）典型应用场景

1. 租房提取

客户通过与基于“智道奇点 SagesrvGLM”大模型的智能客服沟通，咨询不同租房提取条件，并能通过身份认证（人脸识别）查看是否具备提取资格。如果客户具备提取资格并想办理提取业务，可引导其进行上传材料等操作完成租房提取。

2. 自由职业者缴存

通过对“个人灵活就业住房公积金如何办理”等问题的解答，引导客户完成实名认证、线上开户、银行卡绑定等业务，用交互的方式完成业务办理。

3. 在线投诉处理

通过和用户以自然语言对话的形式，深入理解并准确收集用户反馈，针对用户输入，提供恰当、及时的响应，显著提升服务的人性化程度，有效增强客户满意度；同时具备自动生成工单的功能，提高业务处理效率。

四、数据要素

1. 数据来源

包括住房公积金中心政策、留言板、客服系统的知识库、客服问答数据、对话数据（其中住房公积金行业及地方政策属于公共开放数据，其他数据为中心私有数据），确保所采集的数据来源合法，不存在未经授权或违反法律法规获取数据的情况。

2. 数据利用

对数据进行清洗、切片、标注等处理后，提取关键词、语义等特征，使用数据训练垂类模型。在训练过程中不断评估和优化模型，最终将其应用于实际的客服场景中，同时不断收集新的咨询数据进行持续学习和更新。

3. 数据安全

政务数据的敏感性较高，部分数据涉及客户问题，因此要对全部敏感数据进行脱敏处理，将其存储在内部的加密服务器中。训练过程在本地进行，所有操作都被安全系统监控和记录。客户单位的数据只用于训练本单位的垂类模型，不会用于其他客户，保障用户数据安全。

4. 数据工作存在的挑战

一是数据质量参差不齐，来源多样的数据可能在准确性、完整性和一致性方面存在差异，影响模型训练效果。需要制定统一的标准，确保数据的一致性、准确性和有效性，提高数据的质量和可信度。二是多模态数据整合困难，如文本、图像、音频等多种类型数据的融合和协调处理存在挑战。需制定一套统一的数据格式和标准，将不同模态的数据进行规范化处理，以便后续的融合和分析。三是数据分散，各种信息散落在客户内部的各种系统里，只有把信息打通才能有好的训练结果。

五、组织实施条件

（一）适用场景及解决的问题

1. 人工客服效率瓶颈

在高峰时段，人工客服可能应接不暇，导致服务质量难以保证。

2. 业务复杂性增加

随着业务的拓展和多样化，问题变得更加复杂和专业，人工客服难以快速准确回答所有问题。

3. 服务质量参差不齐

不同客服人员的专业水平和服务态度存在差异。

4. 服务时段受限

人工客服通常只能在特定时间提供服务，无法满足用户随时咨询的需求。

5. 传统模式成本过高

雇用大量人工客服成本较高，包括薪资、培训、管理等方面的费用。

6. 信息更新不及时

政策、系统升级等信息变化频繁，人工客服可能难以及时掌握最新内容，导致回答不准确。

7. 跨部门协作困难

对于涉及多个部门的复杂问题，人工客服在协调和获取准确信息方面存在困难。

8. 客服和业务办理责任主体不同

通常客服责任主体为人工客服或客服系统，业务办理责任主体为线下柜员或其他线上渠道。除线下网点外，线上服务渠道不具备业务办理与客服咨询的“一窗式”服务能力。

（二）案例适用条件

1. 数据条件

大规模且高质量的数据包括丰富的客服系统知识库、问答数据、对话数据、政策、产品等信息，数据应准确、完整且具有代表性。而且，要及时更新知识数据，以反映业务的变化、新的政策法规和产品更新等。

2. 组织条件

涉及客服、技术、业务等多个部门的协同工作，确保数据收集、模型训练和应用的顺畅进行。

3. 信息化条件

一是计算资源。配备高性能的推理服务器、GPU 集群等，使整体运行成本实现合理性、可持续性。二是存储设施。存储设施要能够存储大量的数据，包括原始数据、训练好的模型参数等。三是网络基础设施。要保证数据的快速传输和模型的稳定运行，提供高速、稳定的网络连接。

（三）场景组织与管理

1. 商业模式

（1）项目建设与交付模式

建设方：主要为政务服务部门、住房公积金管理机构等，客户（甲方）提出需求和目标，将大模型应用的开发项目整体委托给承建方。需提供需求、知识、数据、存力、算力、网络等项目实施条件。

承建方：华信永道按要求进行设计、开发、测试、交付等工作，为客户提供长期的技术支持和服务，通过软件应用开发付费方式定制基于“智道奇点 SagesrvGLM”垂类大模型的软件应用场景。

运维方：华信永道按要求进行运行监控、故障处理、安全保障、新政策知识训练、系统升级等，保障大模型产品稳定运行。

特点：客户（甲方）需要一次性投入较大的建设成本，委托承建方按项目制交付和运维，项目资产属于客户（甲方）。

（2）购买服务模式

建设方 / 服务提供方：华信永道按照客户（甲方）提出的服务需求和目标，建设完成大模型应用的开发项目，达到满足服务能力输出的条件。需提供模型算法、存力、算力、网络等服务能力。

服务采购方：客户（甲方）提出业务与服务场景需求和目标，通常按年度购买乙方成熟可靠的系统服务、技术服务等，需提供需求、知识、数据、网络等服务实施条件。

运维方：华信永道按要求进行运行监控、故障处理、安全保障、新知识训练、系统升级等，保障大模型产品稳定运行。

特点：客户（甲方）无须一次性投入较大的建设成本，前期投资建设由乙方完成，对应项目资产属于乙方，客户（甲方）在一定年限内按年度购买乙方提供的系统服务和人员服务即可。

2. 组织管理

为确保项目高效推进，项目客户（甲方）作为项目主导方应成立工作专班，由主管领导、分管领导、信息技术部门、客户服务部门以及相关业务部门组成。同时，需建立长效沟通机制，确保团队内部以及与相关部门间的信息流通与协作。工作专班可以分为统筹组、技术组、客服组和业务组。

（四）建议

1. 数据治理

政府部门应建立数据质量监控和更新机制，确保数据的准确性和完整性。

2. 多领域方法融合

政府部门和建设厂商需要对业务领域、算法领域、工程领域、建模领域进行深度融合，尤其是知识工程领域，诸如知识推理逻辑、客户问题聚类、评测集典型样本覆盖等工作的有效开展，将对大模型的效果起到很大的帮助作用。

3. 加强技术保障

政府部门和建设厂商应投入资源进行系统的维护和优化，建立备份和恢复机制。

4. 宣传与培训

通过宣传和培训，让公众了解智能客服的功能和优势，提高接受度。

5. 法律审核

政府部门和建设厂商应设置专门的法律审核团队，通过工具对智能客服的回答进行审核和监督。

第八章 | 浦东新区率先探索“政务智能办”实现企业办事零材料填报、一次办成

习近平总书记强调，把数字技术广泛应用于政府管理服务，推动政府数字化、智能化运行，为推进国家治理体系和治理能力现代化提供有力支撑[①]。自2019年以来，上海市浦东新区以解决企业堵点、难点、痛点问题为导向，以企业满意度为改革效果和服务质量的评判标准，始终坚持技术创新和制度创新双轮驱动，根据政务服务改革不同阶段碰到的不同问题，迭代升级改革措施，逐步优化服务模式，全面推进政务智能办，探索打造“窗口智能帮办 + 远程直达帮办 + 在线数字人”的一次性、全过程、整体化、全天候智能政务服务新模式，实现窗口端和移动端线上线下深度融合、服务效能提升与办事体验感双提升。

一、案例概要

（一）第一阶段：2019年研发人工智能辅助审批系统，着重解决窗口工作人员审查能力不足的问题

1. 主要做法

2018年10月，在浦东新区率先实现涉企事项综合窗口全覆盖的情况下，窗口人员需同时掌握上百项政务服务事项的业务知识。为有效支撑综合窗口人员综合审查能力，2019年，浦东新区在全国率先开展人工智能辅助审批研发和试点，通过人工智能识别、核心算法、知识图谱等技术，自主开发人工

① 《习近平主持召开中央全面深化改革委员会第二十五次会议强调 加强数字政府建设 推进省以下财政体制改革》，新华社，2022年4月19日。

智能辅助审批系统（见图 8–1），为政务智能办提供核心动力，获得了国家知识产权局授予的 AI 企业画像、智能匹配、智能审批 3 项发明专利。

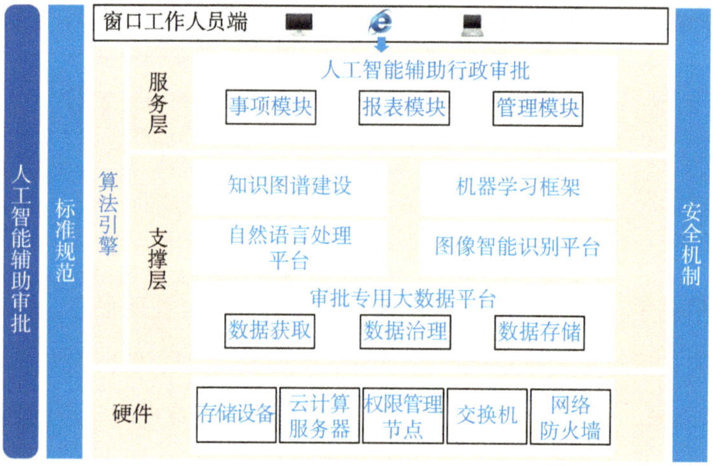

图 8–1　浦东新区人工智能辅助审批技术结构

资料来源：作者自制。

2. 改革亮点

通过将人工阅读材料转变为人工智能阅读材料，人工判断转变为人工智能判断，最终以智能审核通过、审核不通过或需人工审核 3 类审核结果提示给窗口工作人员，支撑窗口提升综合审查能力。

3. 实际成效

使用人工智能辅助审批系统后，综合窗口工作人员的上岗培训时间从原来的 2 个月减少至 15 天左右，原来需 20~30 分钟才能完成的收件，缩减至 10 分钟左右。避免了人工审批模式下工作人员业务知识储备不足、对材料理解不全面等原因造成的低效和错误，实现审批结果一次提交、事项一次办成，不仅大大减轻了窗口工作压力，还提升了窗口服务效率。截至 2025 年 5 月，AI 预检总办件 198282 件，服务企业 140165 家。

（二）第二阶段：2020 年 10 月上线窗口“智能帮办”，解决企业办事人员来回跑的问题

1. 主要做法

人工智能辅助审批系统上线后，窗口工作人员的服务效率大幅提升，但是

申请人因缺乏相应的专业知识、背景和经验，提交的申请材料规范性、完整性、准确性不足，导致申请材料需要反复修改、办事多次跑动。为解决该问题，在人工智能辅助审批系统成熟应用的基础上，上线窗口“智能帮办”（见图 8–2）。

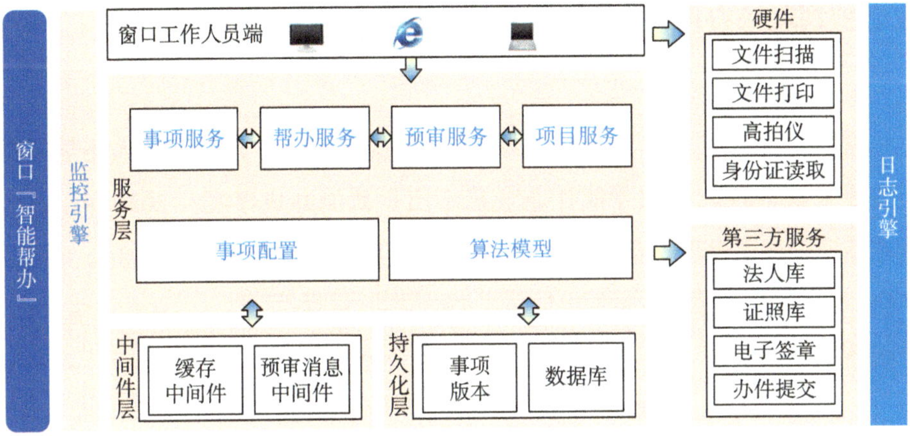

图 8–2 浦东新区窗口“智能帮办”技术结构

资料来源：作者自制。

2. 改革亮点

一是“信息免提交”。通过扫描企业电子票号、后台调用数据库或证照库以及企业电子亮证等方式，获取所需办事信息，企业办事人员不需费力准备申请材料，“两手空空”即可来办事。二是“材料免填报”。原来需要企业自行填写的申请材料，窗口工作人员经过“一问一答”询问企业办事人员后，利用后台人工智能抓取数据、审批逻辑规则生成等方式自动生成，企业不用担心“政策不清楚”。三是“办事少跑动”。所有材料在生成过程中同步启动AI 智能预审，企业当场确认后就可以提交，电子文档通过企业专属网页同步推送给企业，企业可以随时下载、修改、提交，不用反复跑窗口。

3. 实际成效

以内资企业变更经营范围事项为例，原来企业需填报 3 份材料 51 个要素；使用窗口“智能帮办”后，企业只需提供变更后的“经营范围”1 个要素，填报缩减率高达约 98%，其他要素填写和材料生成都由系统在窗口工作人员操作下自动完成。企业办事人员的学习成本、时间成本明显下降，办事体验显著上升。企业办事人员感慨：“太省心了！以前老是改材料，现在一次就搞定。”截至 2025 年 5 月，窗口“智能帮办”共办理事件 138457 件，服务企业 112219 家，已覆盖 270 个事项，收件一次通过率超过 98%。

（三）第三阶段：2021 年 10 月上线远程“直达帮办”，解决企业必须到现场办理的问题

1. 主要做法

窗口“智能帮办”为企业提供了省心省力的服务，但是申请人还是需要至少跑一次大厅。如何才能让企业足不出户就能办成事呢？2021 年 10 月，浦东新区上线了远程“直达帮办”，实现线上面对面办理（见图 8-3）。

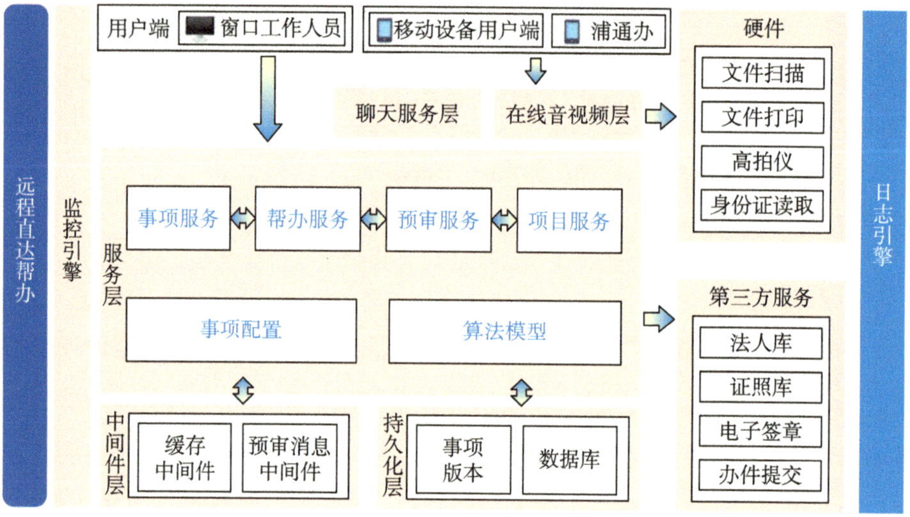

图 8-3 浦东新区远程“直达帮办”技术结构

资料来源：作者自制。

2. 改革亮点

一是手机联通服务，企业办事零跑动。企业经办人在手机上登录企业专属网页移动端，点击“直达帮办”按钮，就能实时连线、匹配专人进行线上远程视频交互办理。二是办事实时互动，线上办事零距离。通过即时视频服务平台，企业办事人员和政府工作人员可以屏幕共享、数据同步互填、材料同步预览，边问边答沟通办事需求，相互协作完成业务办理。三是材料远程生成，企业线下零填报。原本需要企业自行填报的申请材料，通过线上沟通和人工智能自动生成等方式，直接完成信息填报、智能材料制作等工作，企

业办事人员只需对材料信息确认即可。四是帮办一次完成，企业全程零准备。通过线上远程帮办、智能预审等，企业可以全流程在线办理，免除传统模式下企业看指南、备资料、填表格等环节。

3. 实际成效

通过即时视频、屏幕共享、数据同步互填、材料同步预览，企业办事人员只要通过手机点一点、看一看、说一说，就能享受线上交流、信息确认、申报材料自动生成的全链条移动端帮办服务，真正做到“一台手机、一次不跑、一次办成”，打破了地域限制，让企业足不出户就能实现跨地域通办。截至 2025 年 5 月，“直达帮办”共办理事件 171362 件，为 90543 家企业提供服务，已覆盖 270 个事项。

（四）第四阶段：2024 年 6 月正式上线试运行政务数字人“小浦”，实现 24 小时智能服务不间断

1. 主要做法

经过前期在人工智能辅助审批系统、窗口“智能帮办”和远程“直达帮办”等方面的探索运用，浦东新区政务智能办综合窗口人员服务能力极大提升，企业办事成本进一步降低，跨越空间限制的办事体验进一步增强，但浦东新区的政务服务改革永不止步。2023 年，在 ChatGPT 浪潮下，浦东新区与上海人工智能实验室开展深度合作，依托书生通用大模型，致力研发基于政务服务的行业大模型，并于 2024 年 6 月正式推出了基于新一代人工智能技术的政务数字人“小浦”（见图 8–4）。

2. 改革亮点

“小浦”由数字人、专用人工智能及政务大模型等技术融合生成，其中政务大模型是利用高质量的政务领域法律法规、服务事项、材料清单、审批规则，以及通过“直达帮办”平台办件过程产生的 10 多万份语音数据，并基于“书生 · 浦语”通用大模型强化训练而成。其具有面部表情、口唇动作，可以互动交流、回答问题，还具备一定的专业思维能力，能够像人一样感知信息、存储信息、处理信息、执行任务等，为企业群众提供 7×24 小时不间断的互动交流、业务咨询和智能帮办服务。

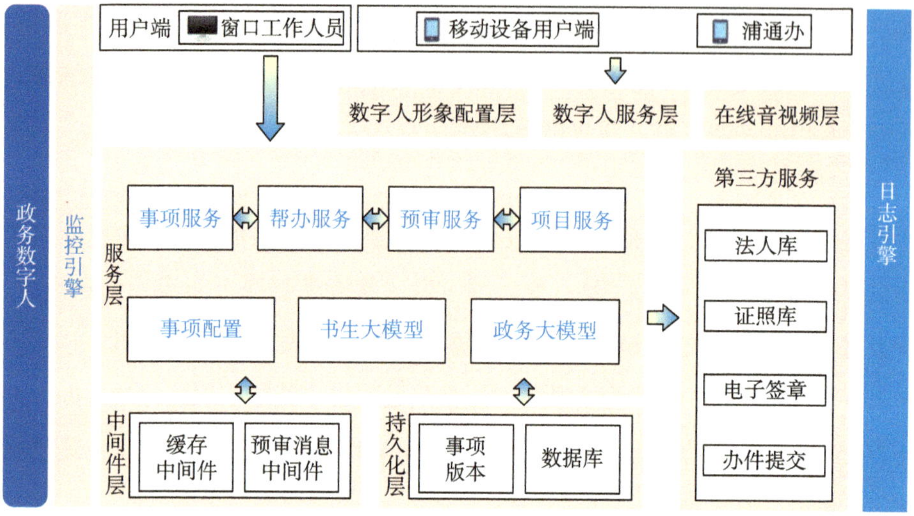

图 8-4 浦东新区政务数字人“小浦”技术结构

资料来源：作者自制。

3. 实际成效

政务数字人“小浦”自 2024 年上线运行以来，截至 2025 年 5 月，累计办件量约 5140 件，累计收集知识数据 3469 条。企业面对的政务数字人“小浦”不是冷冰冰的数据代码，而是有一个个实实在在的人在为其保驾护航。这些政务服务工作人员负责为“小浦”更新知识库，帮助“小浦”变得更专业、更聪明，能胜任更多工作。同时，工作人员也会全面跟踪“小浦”的服务质量和办事效率，不断优化完善办事流程，让办事体验更流畅、更便捷。针对目前“小浦”还不能完全理解胜任的特殊需求和复杂工作，也会由他们进行人工接管，确保企业和群众的事切实办好办成。

下一步，浦东新区将继续运用先进的技术和算法，不断校正政务服务领域的专业数据，拓展“小浦”的服务事项范围，持续培养和优化“小浦”的功能和表现，提升“小浦”的学习水平、聪明程度和智慧能力，以更好适应企业和群众的需求和变化，让“小浦”成为政务服务的得力助手，为企业和群众提供智慧精准、泛在可及的“智慧好办”服务，为推动浦东新区经济社会发展、营商环境优化贡献更多力量。

二、数据要素

1. 数据来源

上海市电子证照库、法人库获取企业基本信息数据和许可证照数据；区级各委办局自建业务系统获取企业相关数据。

2. 数据利用

系统运行中产生的数据进行内部循环运用或上传至市、区两级区块链平台，供市、区各相关部门使用。

3. 数据安全

系统搭建在政务网络上，避免了来自外部网络的直接攻击。项目有固定的运维团队，负责系统的运行维护及数据安全方面的保障。

4. 数据使用中存在的挑战

国家级业务系统中的相关业务数据的获取和共享应用机制仍有待进一步优化，在帮助企业智能生成材料过程中，部分可预填的数据仍有进一步提升空间。针对来自多部门业务系统中同一数据描述不一致的情况，需根据业务定义确定每个要素数源，确定数源的唯一性。

三、组织实施条件

（一）案例适用场景（或业务需求）

1. 满足综合窗口改革需求

综合窗口围绕各业务部门数百项政务服务事项进行集中收件，综合窗口人员面临培训周期长、审查准确性难以保证的困难。

2. 降低企业群众申请材料准备难度

申请人在准备申请材料的过程中往往耗费了大量的人力、物力，且准确性、完备性较差，需反复修改。

3. 打破企业办事的空间和时间限制

部分事项的办理要求法定代表人或股东等必须到现场，而上述人员却常因客观原因难以到达。办公时间之外，申请人开展线上咨询或办事很难找到人。

（二）案例适用需具备的条件

1. 数据条件

有可利用的公共数据资源库，如电子证照库、区块链平台、数据资源平台等。

2. 组织条件

本级政府需有统一的政务服务办事管理机构，有统一办事大厅且实行综合窗口改革，各审批业务部门入驻大厅进行后台支撑。

3. 信息化条件

在政务外网环境内建设一套以人工智能、政务大模型等为基础的信息化系统。此外，还需要配套必备的硬件，如电脑、扫描仪、耳麦等。

第九章 中科大脑接诉即办智能问数大模型打造智能办公新模式

一、案例概要

（一）基本情况

北京市海淀区自2021年接诉即办工作开展以来，案件量和复杂性呈逐年上升态势，因此区委区政府主要领导高位统筹调度接诉即办工作，对海淀区接诉即办的体制机制、工作标准、责任分工以及工作深度都提出了一系列新要求。2024年4月，依托海淀区高新技术企业的优势，结合北京市海淀区城市管理指挥中心接诉即办业务智能化升级的契机，中关村科学城城市大脑股份有限公司（以下简称中科大脑）融合文心一言大模型实现大模型应用落地工作，全方位提升接诉即办精准化大模型智能化水平，系统性推动接诉即办数字化发展。

（二）项目亮点

1. 模式新

基于接诉即办业务数据，提供实时多轮互动问答的数据统计分析模式，将原有信息化建设固化的统计分析内容变成个性化问答互动模式呈现。

2. 响应快

在关键汇报和业务展示现场，对上级或其他角色提出的计划外问题给出快速回复，立即响应，准确性高。

3. 预测性强

模型分析将工单内容进行拆解，重新梳理组合，自动生成新标签、新聚类，实现突发事件分析，如同人同诉、多人同诉等。同时还能通过周期性数据分析预测出重点关注问题和区域。

4. 应用深

大模型智能学习和分析输出的结果可以应用到接诉即办各个业务办理环节，如签收时判断案件类型、分拣时推荐受理单位、办理时提供知识参考、上报时提供相关建议、调度时输出分析结果。

（三）项目特点

智能问数是专为政务行业管理人员量身打造的智能化问答工具，该工具能够在多种办公场景中灵活运用，无论是在大会议室的大屏幕展示，还是办公室的小电脑操作，都能为管理人员提供便捷、高效的支持。其内置的大模型经过专业训练，精准掌握了接诉即办业务的复杂知识体系，不仅能准确回答管理人员的各类问题，还能依据领导需求提供智能化建议与解决方案。

在使用过程中，管理人员仅需通过简单的文字输入或语音指令，即可快速获取精准答案或完成相应操作。作为一款成熟的商业化产品，智能问数支持直接购买与使用，并提供灵活的使用方式。将其安装在用户自有服务器上，在保障数据安全与隐私的同时，满足不同用户的个性化需求。其在接诉即办业务管理中的应用，彻底颠覆了传统通过预置分析模板和视图的模式，显著提升了交互式与生成式能力，能够快速、高效、准确地满足领导指挥决策及日常办公场景中的常态与动态需求。

在本项目中，该工具展现出 4 个显著特点：其一，创新应用大模型交互式与生成式的能力，打破传统预置分析模板和视图展示的局限，实现灵活多变的互动交互功能；其二，具有高度的灵活性，能够有效解决领导指挥决策场景中的动态需求，具备强大的关联分析能力，支持跨类目数据的深度整合与分析，为领导提供全方位的管家式服务，确保指挥决策的顺畅与高效；其三，运行速度快，能够快速高效地生成分析图表，有效解决了传统模式下统计时间长、分析反馈问题慢等情况；其四，准确性高，远超人工统计水平，消除了不同人员对业务熟悉程度差异而导致的输出效率与准确率波动问题。

二、技术架构

大模型技术架构分为 7 个主要的模块。

第一，数据管理模块应提供完整的数据导入、数据标注、数据清洗、数据增强、数据回流等功能。

第二，Prompt 工程模块应支持创建和管理 Prompt 模板，支持以 API 调用 Prompt 模板，支持 Prompt 在线优化和批量优化。

第三，模型训练模块应具备针对大模型的微调（包括全量参数更新、Prompt Tuning、LORA）和 RLHF 训练（包括 RLHF 奖励模型训练和 RLHF 强化学习训练），其中可用于训练的大模型包括平台内置的大模型和第三方开源大模型。同时支持模型训练加速功能。

第四，模型管理模块应具备管理预置在平台内的闭源大模型和纳管开源大模型功能，并支持对大模型进行评估和压缩。

第五，预测服务模块应具备服务部署能力，可直接部署大模型，或将微调后的大模型部署为预测服务，并运行在高可用环境中，还支持在线测试大模型。

第六，插件服务模块应支持插件应用管理能力，支持在插件应用样板间进行插件的配置，支持组合模型和插件的调试、调度等在线测试能力。

第七，基础管控模块应涵盖干预机制、资源管理、用户管理、运维监控等。

接诉即办系统通过整合多维数据进行知识提炼、治理分析，构建了接诉即办智能化系统架构（见图 9–1）。依托模型实现了智能分析、智能分拣、智能问数的能力；依托“智能分析和智能问数”实现了智能分析重构；依托“智能办理”实现了业务流程的重构。本项目基于模型能力，在海淀城市大脑的“数字底座”基础上，将百度模型与海淀区“接诉即办”场景相结合，充分发挥模型在深度语义理解、内容生成、智能交互等领域的核心优势，实现了诉求派单、处置、分析、主动治理等流程接诉即办的智能化升级。模型赋能接诉即办不仅支持本地数据随意问，还可实现对实时数据问数量、问类型、问内容等的交互式问答服务。

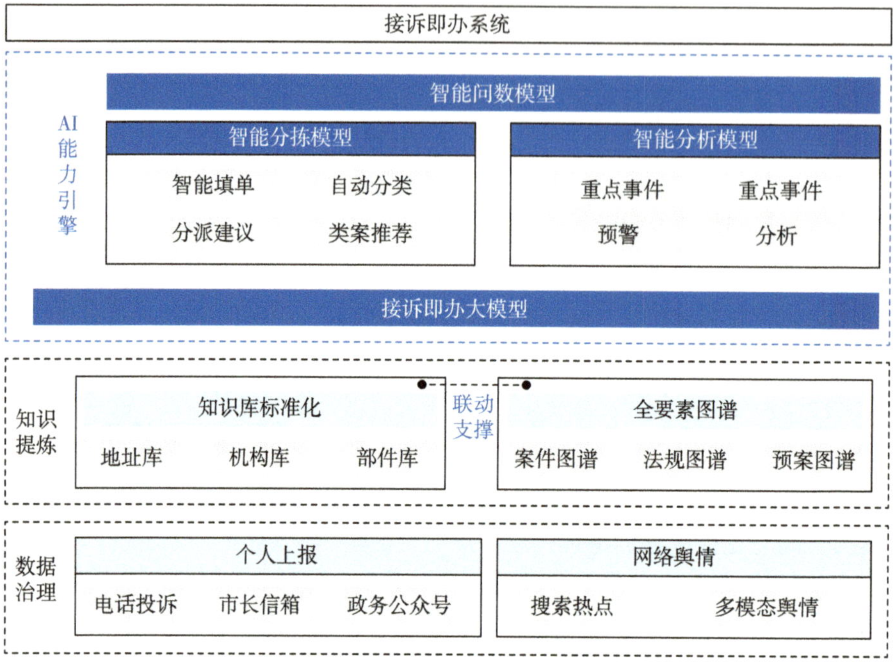

图 9-1　接诉即办智能化系统架构

资料来源：作者自制。

三、业务介绍

（一）业务对象

接诉即办系统服务于城市管理的多个方面，业务对象包括以下 6 类。

城市管理指挥中心管理人员：提供日常工作调度数据支撑，分析、监控管理服务。

海淀区中心职场坐席主管：实时监管坐席工作状态，对业务流程进行全面管理。

海淀区中心职场坐席：辅助业务办理，提升工作效率。

委办局领导：提供统计分析和业务数据监控。

委办局办件人员：辅助业务办理，保障响应率，提升工作质量。

科室或社区办件人员：辅助业务办理，保障响应率，提升工作质量。

（二）业务流程

首先是数据层，主要由基础数据库和海淀区大数据平台构成。基础数据库包含 12345 诉求工单库、接诉即办绩效考核库、工单标签库、办件知识库，以及利用小模型算法转换、治理完成的业务相关的专题库。这些数据会被输入海淀区大数据平台，为大模型推理、训练提供基础数据素材。所有数据由海淀区大数据平台管理。

其次是模型层，依托于大模型底座，选择大模型进行推理服务。应用大模型提供的基础组件包括 NL2SQL 解析、理解增强服务等基础能力，为上游各类应用提供服务。此外，还有大量为了降低成本、提升分析效率，由大模型演化裁剪的小模型，辅助完成工单分类、自动派单、剔除挂账推荐等工作。

最后在问数大屏、工单分类处置和事件分析等场景中，会通过应用和策略对下游大模型基础能力进行调用，结合应用插件，为大模型提供参考，依赖大模型返回的结果构建完整的大模型应用服务流程（见图 9-2）。

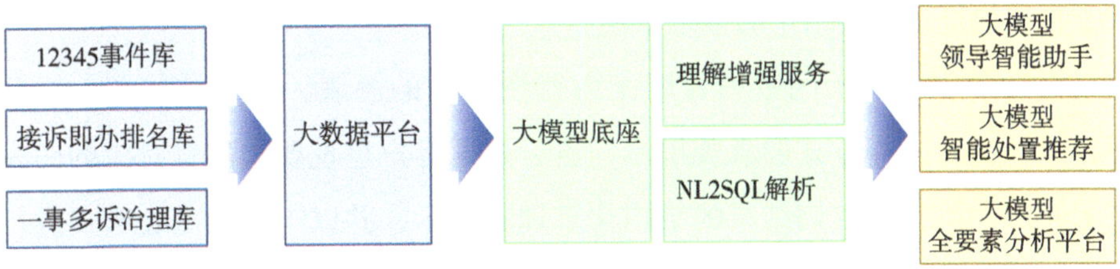

图 9-2　大模型应用服务流程

资料来源：作者自制。

（三）业务能力

大模型对支撑服务提供的能力主要包括以下 3 个部分。

一是业务指标管理。通过对意图的配置、词藻的配置，当问数语句基于内置意图理解与识别后，会在产品自有业务指标池中进行指标检索。如果命中了已积累的指标，则复用指标沉淀的问数能力进行答案生成。针对沉淀的业务指标，可以不断结合用户的场景进行持续的准确率提升和效果优化。

二是智能问数。基于客户自有的政务数据和问数需求范围，配置数据指标、数据逻辑，包括查询、计算、总结、分析等多维度内容，满足符合客户场景的数据结构化梳理，支持定向梳理，针对政府数据库外的对话、理解、查询等问题，提供相对专业的回答、分析及总结。

智能澄清：基于自身对数据的预先理解，主动向用户询问语义模糊、含有多义或歧义的表述，实现向用户进行询问的过程。

知识注入：提供行业专属或者跨行业的知识注入功能，便于在问数过程中实现客户自有数据的提炼及总结。

三是智能呈现。辅助输入：提供了辅助输入能力，使得客户在输入专业名词时可以快速触发对应的专业名词、较长词语的提示并快速输入，节省用户输入时间；并在查询到结果后根据对应的图表策略，选择最优的图表样式进行生成展示，提供更为丰富的问数效果。

过程解析：支持可视化问数逻辑的查阅与分步骤反馈，供用户分段查看问数结果，可进行选表、选列、执行 SQL、答案生成等一系列操作。

文本总结：基于用户输入的问数内容，对用户的输入进行理解、总结，并归纳为对应的结论、段落。

答案解读：基于问数反馈的结论，可视化分析该结论的详细解读内容，便于客户很好地理解结论的推理依据。

智能图表：基于问数内容匹配内置图表库的图表，支持柱状图、饼状图、折线统计图等方式的直观展示，也可根据客户呈现要求配置对应的图表展示样式。实现对查询结果的结构化整理和展示，并以丰富的图表形式进行呈现。

（四）典型应用场景举例

根据接诉即办实际业务需求，目前在以下几个场景取得了比较好的效果。

1. 智能标注在接诉即办签收工作中的应用

在接诉即办业务处理中心，市级系统的工单如潮水般涌来，每一份工单都承载着市民的诉求与期待。这些工单经过一系列流转，最终抵达区接诉即办系统。

当一份工单从市级系统对接过来，系统及时对工单进行接收与解析，它像一位经验丰富的秘书，迅速而准确地阅读并分析这份工单的内容。通过内置的模型，平台能够自动区分出被诉的主体，即谁或哪个机构被市民投诉。同时，它还能精准地捕捉到工单中的关键词，这些关键词往往是市民诉求的核心所在。

在解析工单的过程中对热点、难点问题进行识别，区接诉即办系统不仅关注单个诉求，还具备强大的数据分析能力。它能够发现聚集性事件，比如一人多次投诉同一问题（同人同诉）、不同人投诉同一事件或同一机构（多人同诉）等热点、难点问题。这些聚集性事件往往反映了市民普遍关注的问题，也是政府需要重点解决的问题。

基于上述分析，生成系统自有标签，区接诉即办系统会自动为每份工单生成一系列系统自有标签，这些标签不仅包括了被诉主体、关键词等基本信息，还涵盖了聚集性事件的类型、热度等高级信息。这些标签就像为工单穿上了一件“外衣”，让区接诉即办系统各环节的工作人员能够一目了然地了解工单的性质和重要性。

有了系统自有标签，就能够进行辅助办理与监控，区接诉即办系统各环节的工作人员在办理工单时能够更加高效和精准，他们可以根据标签的提示，快速定位问题的根源，并采取相应的解决措施。同时，这些标签也为监督工作提供了便利。区接诉即办系统的管理人员可以通过查看标签的统计数据，及时了解各类型工单的处理进度和效果，从而确保政务服务工作的高效运转。

在这个智能化的场景中，“智能标注”不仅提高了政府处理的效率和质量，还增强了政府与市民之间的沟通与互动。它让政务处理更加人性化、智能化，为构建和谐社会贡献了科技的力量。

2. 智能派单解决对业务经验人员的依赖

区接诉即办系统每天都有近万个工单需要被分配和处理。过去，这些工单都是由坐席人员根据自己的经验和直觉来手动分配的，但这种方式不仅效率低下，还容易因为个人经验的差异导致工单处理质量参差不齐。

现在，区接诉即办系统引入了一套智能派单系统。这个系统背后，有一个庞大的派单知识库作为支撑，包含各种工单类型、处理流程、历史经验等丰富信息。通过知识图谱关联分析，系统能够迅速理解每个工单的特点和需求，以及它们与过往工单之间的相似性和差异性。

当一个新的工单进入系统时，智能派单系统会根据预设的派单规则和考核规则，自动分析并匹配最合适的承办单位来办理。这些规则是基于大量的数据分析和模型训练得出的，能够确保工单被分配给最擅长处理此类工单的承办单位。

同时，系统还会考虑派件坐席人员的当前工作状态、处理能力、历史绩效等因素，通过派件坐席规则来进一步优化派单方案。这样，每个坐席人员都能在自己擅长的领域发挥最大的效能，减少了对业务经验的依赖，也提高了工单处理的质量和效率。在这个智能派单系统的帮助下，派单变得更加顺畅和高效。坐席人员不再需要花费大量时间去手动筛选和分配工单，而是可以更加专注于工单的处理和与诉求人的沟通。诉求人也因此获得了更快、更贴心的服务。

3. 智能分析减轻统计人员工作量

数据分析师们每天面对成千上万的接诉即办工单数据，这些数据来自不同渠道，而且分为不同格式，包含了用户提出的各种诉求、需求及反馈。以往，分析人员需要花费大量时间逐条阅读、理解并手动总结这些信息，再将其转化为可分析的结论和数据图表，过程烦琐且效率低下。现在，接诉即办系统使用一套智能分析系统，系统首先会对这些数据进行预处理，包括清洗、去重、格式转换等，确保数据的准确性和一致性。接着，系统会对用户的输入进行深度理解。系统利用自然语言处理技术，分析用户提问的关键词、语境和意图，将复杂的用户输入转化为结构化的数据格式。系统会根据预设的分析模型和算法，对这些数据进行归纳和总结，提炼出用户关心的核心问题和需求。在得出初步结论后，智能分析系统会进一步将这些结论转化为易于理解的一段话或者一篇报告，不仅清晰地阐述了诉求人的问题和对应的分析结果，还提供了有价值的建议和解决方案。

为了让分析结果更加直观和生动，系统还会自动生成相关的可视化图表内容。这些图表包括柱状图、折线图、饼图等，它们以图形化的方式展示了数据的分布、趋势和关联关系，使得数据分析人员能够一目了然地理解分析结果。在智能分析系统的帮助下，数据分析师能够更快速、更准确地理解诉求人的投诉问题，提炼出有价值的信息，并生成直观的分析报告。这不仅提高了他们的工作效率，还提升了数据分析的质量和准确性，为政府的决策提供了有力的支持。

4. 智能问数将数据统计极简化

接诉即办业务的数据量巨大，如何从这些数据中迅速提取出有价值的信息，并生成专业的报告，一直是困扰着数据分析师的难题。现在，基于接诉即办的全量数据，这些难题可被简单解决。

需求人员只需要坐在电脑前，在界面上输入自己想要了解的问题，比如“10 月房管局主要投诉的类型有哪些”，或者“去年同期的客户满意度与今年相比有何变化”，几乎在输入问题的同时，大模型就开始以实时问答互动的模式进行多维度数据调度。它像一个聪明的助手，迅速地从海量的数据中筛选出相关的信息，并进行生成式、总结式、提炼式的统计分析报告。这份报告不仅包含了数据分析师想要了解的所有信息，还以图表、表格等多种形式直观地展示了数据的分布和趋势。而这一切，都发生在短短的几分钟之内，相比于之前需要一天的时间来完成的报告，效率得到了极大提升。

这个大模型不仅是一个数据查询工具，它还可以根据数据分析师的需求，将后台的数据按需呈现在大屏上。无论是想要查看某个部门的实时数据，还是想要对比不同时间段的数据变化，都只需简单的操作就能实现。这一切都无须复杂的开发调整，大大节省了时间和精力。

在智能问数的场景中，大模型作业已经替代了传统的数据分析人员作业，它让数据分析变得更加简单、高效和直观。

四、数据要素

1. 数据来源

市级 12345 热线系统工单数据、区中心办理环节各项数据、标准化物业数据、时空一张图点位数据、派单规则知识库等。

2. 数据利用

将数据进行梳理清洗和语义分析，提炼出关键地址信息、被诉主体信息、诉求人信息、工单主要关键词等，通过模型训练，自动生成相关的辅助标签，并且根据派单规则，输出智能分拣结果，结合各类数据，通过模型推论出周期性事件、聚焦性事件、突发事件等。将推演出来的结果数据以文本和图表形式展现出来。

3. 数据安全

接诉即办的数据是民生数据，在训练过程中，涉及用户的具体信息，如具体门牌号、电话号码等，会进行脱敏处理，大模型也部署在政务云上，相关数据不留存在互联网环境下，确保所有政府数据安全可靠。

4. 数据使用中的挑战

一是数据类型多样，标注困难。模型训练前期要提前进行标签标注，明确不同数据的类型和特征，同时需要对历史数据进行筛选，将错误数据挑出，避免影响训练结果。二是业务数据繁杂，整合算法逻辑复杂。在训练智能问数时，要对不同统计分析的口径和数据结果进行多轮验证核对，将很多业务环节数据名称进行映射关联。三是数据表和逻辑复杂，需要训练人员对业务数据来源和相关逻辑进行系统学习。

五、场景推广

（一）项目试用场景类型

接诉即办大模型可以辅助各委办局、街道等在教育、医疗、噪声治理领域先行先试，通过简洁、精准、智能的大屏辅助决策，提高领导驾驶舱的指挥决策效率，实现资源的精准调度，为区领导、指挥中心、委办局和街镇等不同层级领导指挥调度提供依据和抓手。

（二）项目支持条件

1. 数据条件

需要足够多的训练数据注入模型中，当业务发生变化，业务数据同时也变化后，要及时将新的、正确的数据注入模型中，并调整逻辑进行训练。

2. 组织条件

需要部门能够配合大模型进行训练，当部门需求进行大模型训练结果输出后，需要部门业务人员进行验证，并不断提出优化意见和建议，对大模型进行持续优化。

3. 信息化条件

政务云能支持大模型运算的能力，同时需要考虑国产化改造的可行性。

（三）项目成效

探索大模型创新和应用，结合领导驾驶舱推进辅助决策。聚焦群众急难愁盼问题，基于生成式大语言模型技术，围绕城市大脑领导驾驶舱创新场景应用进行技术赋能，用好数据富矿。改变领导驾驶舱的互动模式，让固化的操作及展现模式变得可灵活洞察、动态生成。一方面通过对话式交互模式，理解复杂的指令，输出可理解的文字、图表等多模态的分析报告，为领导决策提供科学高效的数据支撑；另一方面让处置过程由复杂变为简单，面对每一个事件，都有助手辅助基层人员解决与解释。此外，支撑分析报告智能生成，实现全流程智能核验，减少汇总分析时间，提升办公效能。

（四）相关建议

1. 国产化部署的思考

为了确保实现后续的政府系统建设要求，相关政府部门在构建大模型时一定要做好与国产化相关的适配。

2. 选择适合自己的模型

市面上的大模型很多，需要根据自己的业务领域，有目的地选择适合的大模型进行训练，每种模型都有一些自身的优势。

3. 模型训练不能一蹴而就

模型训练并不是刚开始就很智能，而是需要先专注于基础的逻辑，再不断深化模型训练内容，逐步提高大模型应用范围和输出结果的准确度。

第十章 绍兴市越城区基层社会整体智治平台赋能基层社会治理

一、案例概要

绍兴市越城区以获评2020年全国社会治理创新典范区为契机，目前基本建成基层社会整体智治平台，由基层数据治理系统、重大决策社会风险评估平台、矛盾预防化解智慧工具三大模块组成。

（一）基层数据治理系统

基层数据治理系统采用线上数据共享、线下部门协同和网格采集核查的基层数据协同更新机制，夯实数据底座。在人、房的基础上，逐步探索完成企、事、物等其他重点社会治理要素的核查，同步建立与标准地址的关联关系，逐步实现“人、房、企、事、物”等基础数据在该系统上实现多元汇聚、标准叠加、可视展现。建立社会治理一张图，为应对各类突发事件、开发各类场景应用提供最基础、最坚实的支撑。

（二）重大决策社会风险评估平台

2021年上线的越城区重大决策社会风险评估平台归集了风险评估、机构备案、专家库、第三方机构库，通过“系统主动推＋部门兜底报”的方式，实现重大项目、重大政策、重大活动、重大事件在系统内全量归集、应评尽评。平台经过迭代升级后，于2024年成为浙江省平台。

（三）矛盾预防化解智慧工具

2023年，由越城区信访局、社会治理中心和浙江至元数据科技有限公司负责建设矛盾预防化解智慧工具。该工具通过有效衔接越城区基层数据协同系统、重大决策社会风险评估系统、“民呼我为”统一平台，形成汇集“线索探查、源头预防、化解处置、回归帮扶”全链业务节点的专项领域智能工具集，引导基层治理经验的数字化转换、迭代与全域复用，整体提升越城区矛盾预防化解智慧化程度，保障信访工作法治化要求与日常工作方式方法的全面融合。

二、业务介绍

（一）业务流程

基层社会整体智治平台的三大模块总体上形成以下业务流程。

1. 基层数据协同

通过标准地址全量核查、基层数据协同更新和网格员走访核验，全面动态摸清摸实村社人口、房屋、地址等基础数据，形成“人、物、房、事、企”民情档案。

2. 社会风险评估

建立社会风险评估机制，全量归集重大项目、重大决策、重大活动、重大案事件等四大类评估事项，对接越城区发展改革委、公安、信访等十多个部门，联合专业风评机构、行业领域专家，对社会面利益关系人进行走访调研、风险研判，确保对政策发布或项目建设可能引发的社会风险实施有效控制与消除。

3. 线索探查

矛盾预防化解智慧工具聚合民情日志、社会舆情、咨询投诉、风险评估报告等不同层级来源信息，实施问题线索聚合探查。应用大数据技术，对各项信息记录进行语义要义智能化解析，厘清事件、关系、情绪特征，通过交叉匹配验证与钻取，追踪是否存在群体反馈、激情反馈、涉政反馈，形成问题线索报告，提醒管理人员介入。

4. 源头预防

将风险评估、线索探查等及时传导给各街道信访处置和矛盾调解人员，提醒网格团队对诉求人员进行关注，记录走访信息，对接智慧工具，综合研判诉求人的情绪变化和行为态势，对可能出现超出“平和表达”程度的行为进行预警提醒。对工作人员未在要求时间内进行走访交流、反馈排查化解情况或预防调解行为方式存在法律瑕疵的进行预警提醒。

5. 化解处置

智慧工具快速解析信访人提交的各项材料文件，监测信访人诉求、精神和心理状态特征，协助处置人员快速了解案件，有针对性地制订调解方案。包括对信访人各类社会关系的数字化挖掘，选取信访人熟悉、信任且有影响力的人员，以社会调解员的身份参与矛盾化解处置。同时，组织案例经验库建设，开放相关法律法规和政策文件查询，根据具体案例自动筛选出所涉及的法律条文和政策依据，方便工作人员查阅了解。

6. 回归帮扶

引导基层工作人员关注此类困难人群，从创业就业、劳动保障、医疗健康、社会关系等多个方面持续进行数据采集与数据分析，主动发现当事人潜在的生活服务需求，帮助困难信访人员、息访人员尽快回归正常生活轨道。

（二）项目亮点

1. 数据精准夯实

通过标准地址全量核查和基层数据协同更新，全面动态摸清摸实村社“人、房、企、事、物”等基础数据及相互间对应关系，为各层级、各部门战略规划、工作部署和治理决策提供准确的数据支撑。

2. 基层减负赋能

通过“流程再造”，把各部门向基层要数据变成向系统要数据，实现数据报送“一表通”“零表通”，大大简化数据报送工作流程，减轻村（社区）数据报送工作负担。

3. 风险闭环管控

确保越城区重大决策事项在实施前能够准确识别风险、在实施中能够及时化解风险，在平安越城、幸福越城建设中，在风险防范领域实现信息互通、一体管理、闭环式处置。

4. 技术贴合业务

将大数据分析能力融合到实际工作过程中，实现真正意义上的赋能。根据业务特征，选择性使用大数据智能分析，更好地应对社会矛盾调解的复杂性、多维性和不确定性。

5. 系统集成联动

在进行风险评估时，基层数据协同模块将发现的线索和风险因素同步给网格员，可进行提前排查和预防。社会风险评估中的潜在风险及相关重点人员由矛盾预防化解工具进行智能研判、预防和化解。矛盾预防化解工具提示的重点人员信息可以与社会风险评估同步，同时网格员在日常摸排时可把重点人员异动信息及时反馈到其他模块。

（三）项目特点

1. 首创基层数据综合治理，破解基层社会治理难点痛点

基层数据综合治理是越城区对“基层底数不清不实”这个全国性突出难题作出的解答，同时也是为基层治理能力现代化作出的有益探索，其融合标准地址和网格图层运用助力基层数据治理的做法在全国属于首创。

2. 以浙江省首个风险评估试点建设为抓手，数据赋能推动基层治理数字化转型

横向形成“数据采集、即时感知、闭环处置、分析研判、评价反馈”工作体系，纵向推动形成“区级综合指挥中心 + 乡镇（街道）四平台 + 全科网格”运行架构，实现省、市、区、乡镇（街道）、村（社区）贯通。

3. 以全链业务节点为目标、AI 大数据综合研判能力为支撑

矛盾预防化解智慧工具对全域常住人员、重点人员信息数据的有效采集与实时运算，对情绪感知、行为态势、关系挖掘等数据模型实际运行，配合街道工作人员日常工作，发挥积极作用。线索探查、源头预防、化解处置、回归帮扶全过程信息最终汇聚在村（社区）治理档案（信访档案）中，成为街道基层治理矛盾调解的重要资源。

三、智能技术应用

1. 数据整合

越城区建立集基层治理、城市管理、平安建设于一体的社会治理矩阵式

智治中心，整合智慧城管、12345 政务热线、监控视频和智安小区等数据资源。

2. 数据处理

根据绍兴市勘察测绘院提供的标准地址中的网格信息，在系统中进行网格划分，并完善系统中各网格、社区、镇（街道）的地图图层数据，实现数据的可视化展示。对一体化数字资源系统（Integrated Resources System，IRS）获取的回流数据，进行数据清洗和整理，将回流数据与基层数据协同系统中的数据进行比对，更新或增加人员标签。

3. 自动派单流转

风险评估中构建线上线下问题处置“双循环”模式，针对职责不明确、涉及多部门等不同风险问题，采取人工智能技术自动派单流转方式进行分类。

4. 文字内容识别

对工作人员拍照或扫描上传的材料进行内容文字识别和存储，从而能够支持文件内容模糊查询，方便材料检索。同时，提供文件自动摘要功能，智能提取文件的关键信息形成摘要，方便处置人员快速阅读，了解事情诉求的整个过程。

5. 处置辅助

根据当前矛盾当事人诉求信息文本解析，在已有矛盾化解案例中进行智能匹配，帮助同区域、同类型、诉求人身份特征相似的问题在处理上保持平衡，避免产生新的矛盾。同时，为基层人员智能推送与矛盾诉求内容的相关法律法规和地方政策文件，方便处置人员了解对应政策。

6. 行为分析

建立情绪感知分析模型，将矛盾当事人现场行为情绪、材料语句情绪等信息纳入情绪感知模型。优化矛盾当事人情绪监测功能，有效对矛盾当事人行为趋势、心理情绪等进行智慧化分析。

四、数据要素

1. 基层数据协同更新

进行线上线下分类打通，线上依托区系统打通 IRS 数据回流通道，线下协调部门提供数据底库，区、镇（街道）两级数源部门定期向区社会治理中心、镇街综合信息指挥室报送周期变动数据，经系统智能比对后入库并将异常数据下发村（社区）、网格，核实更新。推动网格数据动态采集核查。网格员依托系统数据和网格团队提供的信息，常态化开展数据采集核查，进行查漏补缺，实时掌握建筑物、人口、企事业单位、重点人员、重点场所等网格要素。

2. 多系统数据归集

建立集基层治理、城市管理、平安建设于一体的社会风险信息平台，整合指挥、城管、12345 政务热线等 19 个系统，对接 11 个部门，44 个省、市、区，3.3 万路监控视频和 261 个“智安小区”的数据资源，构建社会风险预知、预警、预防的一体化智慧大脑，累计归集各类数据 230 万余条，预警预判各类事件 35 万余起。

3. 矛盾化解数据利用

（1）民情走访阶段

信息储备、线索探查。数据包括一户一档等跨部门专项信息共享，基层工作人员或网格人员对辖区人员及矛盾纠纷等数据的常态化收集，联动采集分析警情、舆情、社情等信息数据。

（2）政策评估阶段

前置研判、跟踪关注。数据包括重大政策、重大项目、重大活动的实施审批，以及重大案事件等重大风险事项；群众意见建议和网络舆情的收集、统计、分析。

（3）矛盾调解阶段

行为感知、风险监测。基于部门数据有序共享、信访数据集中归集、基层信息实时收集以及对海量信访数据和人物关系的智能化分析，推动信访数据综合分析模型持续迭代优化，实现案例经验复用、基层信访处置事务的法治化治理。

五、组织实施条件

（一）工作保障

1. 组织保障

越城区社会治理相关部门与大数据发展管理中心组建越城区基层数据治理专班，社会治理中心负责业务梳理和综合保障，大数据发展管理中心负责打通数据协同通道、保证数据安全。越城区社会风险评估指导中心组织重大决策社会风险评估工作。

2. 应用保障

对原有越城区基层数据协同系统进行迭代完善，结合标准地址和网格图层，运用重塑系统架构，增加数据质量检查功能模块，开发数据质量核查智能算法和抽查督查工具。

3. 经费保障

根据不同模块对应的部门，由该部门落实经费。如基层数据协同系统经费由越城区大数据发展管理中心协调绍兴市大数据发展管理局在全市城市大脑建设项目中落实解决，乡镇和街道的工作经费由区社会治理中心向越城区政府申请解决。

（二）建议

社会治理往往涉及的数据量大、知识面广，宜采用数字化技术和人工智能技术，进行快速处理和精准分析。这样既能大大提高应对效率，又能快速处置应急事件。

不同地区政府部门根据其职责，对应承建整体智治功能模块，同时地区层面设立专班或者协调小组。这样既可以合理合规发挥各部门本职作用，又可以形成工作闭环。

第十一章 云天励飞智慧治理服务平台实时保障城市治理与社会服务

一、案例概要

（一）项目基本情况

2023 年，成都市新津区综合行政执法局借力智慧蓉城建设契机，进行城市管理智慧化场景建设。本项目由新津区政府、综合执法局牵头，深圳云天励飞技术股份有限公司负责建设，依托智慧蓉城“王”字形架构和智慧新津“112N”架构体系，打造了新津区 AI 智慧治理服务平台（见图 11-1）。

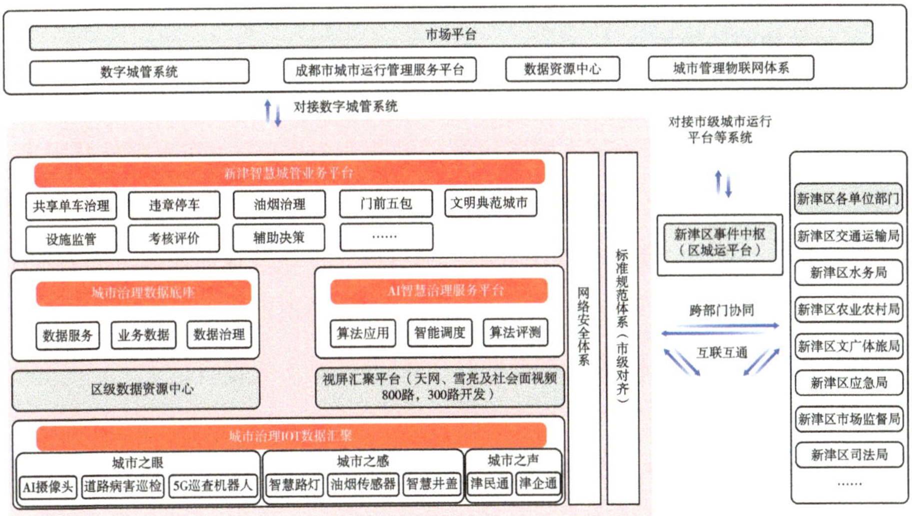

图 11-1 新津区 AI 智慧治理服务平台系统框架

资料来源：作者自制。

注：红色部分为本项目建设内容。

该平台经过9个月的研发与建设，深入成都市新津区城市治理业务流程，打通各部门城市治理数据，利用云天励飞的人工智能算法技术和大数据分析能力，通过自动化流程减少人力成本和管理开支，加快事件处理，优化资源利用。同时，平台可以快速响应市民关切，提高居民满意度和信任度，增强公共安全，推动社会治理模式创新。

（二）项目亮点

1. 多感知

AI智慧治理服务平台实现了数据要素标准、多源数据感知和数据智能治理，通过监控摄像头、低空无人机、传感器设备、执法端App等渠道广泛收集数据，进行数据清洗、分析和可视化，确保数据的准确性和一致性。

2. 深应用

AI智慧治理服务平台有效覆盖了城市治理需求，涉及通用共性需求，如“门前五包”、共享单车管理等，同时也支持城市特点需求，如“牛皮癣小广告”巡查等。该平台模式创新实践了“不见面执法”、任务“抢单”、事件分级分类等数据应用模式，减少了治理过程中的矛盾和冲突，提高了城管巡查人员积极性和服务效率。

3. 自闭环

通过建设“AI智慧治理大脑”以及“城管业务底座”，实现事件从发现、分拨、处置到复核的全业务流程智能化。智能化技术让“数据多跑路、城管人员少跑腿”，实现“高效处置一件事”的目标，使城管业务流程全面实现闭环处理。平台实现了日均发现事件量1000起、时间识别准确率超95%、事件闭环率达97%，闭环周期从原来的8~10小时缩减至3小时内。

4. 全决策

以城管行业大模型为支撑，全面提升城市治理的科学决策能力。平台通过万物识别、智能分析和判断，高效管理城市事务。大模型通过智能打标和智能分拨，提高人工客服的办事效率，精确、快速处理事件。通过快速、高质量地生成智能分析报告，提供有效的决策支持。此外，还作为法律法规助手，提供精准的法律支持，高效辅助基层执法。

（三）项目特点

1. 城管行业大模型的应用

高效的数据处理能力和智能化分析能力能够提高数据汇聚和分析效率，提升城市治理的响应速度和决策准确性。

2. 经验决策转变为数据决策

汇聚物联网、AI 发现、人工上报等各类城市管理数据，打造懂城市运营规律的 AI 城市管家。例如游摊商贩治理，通过大模型数据分析，了解关联因素、发生趋势、高发区域及对策建议，从源头上实现治理，达到标本兼治的效果。

3. 智能调度系统

基于数据驱动的分析结果，在不同的应用场景下进行科学的算力调度，如优化城管队员巡逻路径、时间和人力投入的安排。通过提高资源的利用率和系统的效率，实现对城市事件数据的即时分析和响应。

4. 全流程数据价值转化

采集海量数据，通过处理和挖掘，揭示城市事件的规律和特点，将数据分析转化为对城市治理决策的参考和依据，智能化复核和反馈实现闭环，确保措施有效实施和改进。

5. 数据资产沉淀

借助“数据要素 × 城市治理”，激活城市管理的新质生产力，所沉淀的各类城市治理数据赋能本地大数据及人工智能企业，进而探索数据要素市场化的价值落地。

二、技术架构

AI 智慧治理服务平台基于端云协同的智能计算技术架构，采用 AI 大模型、云计算、大数据、物联网、5G 等新一代信息技术，整合城管类信息系统资源，通过集群计算设备实现大规模数据处理和算法调度，为智慧城管建设提供丰富的应用场景，实现新津城市管理的科学化、精细化、智能化。

感知层：部署低空无人机、车载 CT、智能巡检机器人、高清摄像头等设备，实时捕捉城市治理相关数据。

数据层：构建数据中台，实现数据的汇聚、清洗、整合和存储。

智能分析层：运用机器学习和深度学习算法，构建以算法服务、智能调度、智能任务、智能分拨、算法评测为核心的AI智慧治理服务平台，赋能城管业务智能治理。

应用决策层：承载本平台业务应用系统，包括指挥协调、行业监管、监督考核、城市管家等多个应用。

三、业务介绍

（一）业务对象

平台服务于城市管理的多个方面，业务对象包括但不限于以下3类。

城市管理者：提供决策支持和数据驱动的洞察。

执法人员：通过自动化流程提高工作效率。

市民：享受更快速、更精准的城市管理服务。

（二）业务流程

①智慧巡检：根据大数据分析（事件、时间、地点）启动机器巡检任务。

②事件发现：通过视频、物联网分析发现治理事件。

③智能分拨：综合事件性质、优先级、区域、执法人员配置等情况，智能分拨给具体执法人员。

④智能处置：针对责任主体明确，如“门前五包”，可采取发送短信等方式“不见面执法”，提升处置效率。

⑤智能复核：AI自动对上报事件和事件处置之后的现场场景数据进行对比审核，实现对事件的智能复核，确保处置效果。

（三）典型应用场景举例

目前，平台在新津区以下几个典型场景取得了很好的效果。

1. 违法“门前五包”

智慧巡检：AI视频智能巡查迅速获取违反“门前五包”规则的商铺。

事件发现：系统检测到商铺违反“门前五包”规则。

智能分拨：综合商铺位置和事件性质，将任务分拨至相关管理人员。

智能处置：平台通过发送短信、小程序推送等方式敦促责任方快速整改。

智能复核：整改结束后，AI 系统对整改效果进行核查，核查结果与商铺“门前五包”信用评分挂钩。

2. 小广告治理

智慧巡检：OCR 文本识别算法抓取事件中小广告发布的手机号信息。

事件发现：系统发现“牛皮癣”小广告，并识别出相关信息。

智能分拨：任务分拨至相关执法人员。

智能处置：联合运营商发送短信提醒广告发布者清除小广告，否则停机。

智能复核：规定时间内如未清除则停机处理，整改后恢复相应功能。

3. 共享单车乱停放

智慧巡检：AI 视频智能巡查，迅速获取各公司共享单车停放情况。

事件发现：利用“AI 技术 + 电子围栏”数据智能识别共享单车乱停放事件。

智能分拨：结合 AI 识别情况，推送至对应共享单车公司，限时完成治理。

智能处置：一方面推送短信给相应运营公司进行清理，设置评分体系督促其提高整改效率；另一方面通过大数据分析，协同共享单车企业进行车辆科学停放，科学设置停放区域，从源头上减少乱停放事件。

智能复核：限定整改时间结束后，AI 系统对整改结果进行复核，核查结果与各共享单车公司评分体系挂钩。

四、数据要素

平台通过“数据要素 × 城市治理”，成功激活了城市管理的新质生产力。多源数据的融合、高质量的数据治理、智能化的深度分析及优化的决策支持，形成了一个从数据到决策的完整闭环，极大提升了城市治理的效能和水平。

1. 多渠道数据融合

平台从多个渠道获取城市事件数据，包括监控摄像头、低空无人机、

AIoT 传感器设备、执法端 App 等。

2. 高质量数据治理

通过数据清洗技术对原始数据进行去噪、去重和格式化等处理，确保数据的准确性和一致性。

3. 智能化深度挖掘

通过机器学习和统计分析等技术，对数据进行深度挖掘和分析，提取关键信息，如高发区域、高发时间和人群特征等。

4. 数据可视化

进一步应用数据可视化技术，将复杂的分析结果以直观、易理解的方式呈现给城市治理部门。通过直观的图表和地图展示，城市治理人员能够快速掌握城市动态，优化资源分配，提升管理效率。

5. 数据工作存在的挑战

我国“数字城管”建设中存在着管理资源分散度大、管理成本高、管理难度高、重平台建设轻数据资产运营管理、重硬件形象轻实际效用、重新建扩建轻资源整合等问题。一要克服数据收集的难题，确保多个数据源的数据完整性和实时性。二要解决数据处理的问题，包括数据清洗和格式化，以保证分析结果的准确性。三要开发和应用机器学习和统计分析算法，挖掘城市事件数据中的隐含规律和趋势，将其转化为有价值的信息，支持城市治理决策。四要开发数据可视化技术，使城市治理部门能够直观地理解和使用分析结果。

五、场景推广

（一）适用场景类型

1. 尚未建设智慧化治理平台

可以结合当地城市治理和社会服务的痛点、难点，整体规划、建设一个完整的智慧化治理平台。

2. 已有相关平台但功能不够完善和系统

可以根据现有基础，进行平台提升和完善，例如增加手机端应用、形成处置闭环等。

3. 已有相关平台且功能比较完善

可以针对当地城市治理和社会服务中的老大难问题开发和植入定制化模块，例如“门前五包”、小广告治理等。

（二）项目支持条件

1. 政策条件

编制或完善相关支持政策，如《成都市城市管理委员会关于加强成都城市管理“一网统管”的实施意见》，要求组建成都城市管理一网统管新津实验室，全力推进城市管理智慧应用落地落实。

2. 硬件感知条件

建设必要的硬件设备感知能力，尤其是需要加强摄像头等硬件设施的点位布置，以实现全面监控和及时响应各种突发事件。

3. 视频平台带宽条件

视频监控平台带宽需支持较多的视频并发数量，通过优化带宽使用和视频压缩技术来提升整体性能。

4. 兼容性条件

平台需要打通和汇聚各类业务系统，涉及多种硬件（如工牌、对讲机）和软件系统（如餐饮油烟监测、公厕管理等）的兼容性和协同工作能力，要确保数据流通顺畅和管理操作便捷。

（三）场景的组织管理

为确保项目的有效推进，由新津区政府组织成立 AI 智慧治理服务平台项目领导小组，相关业务部门牵头，联合建设实施单位、新津区智慧治理中心等相关单位，各单位成立对应的领导机构。

领导小组牵头统筹协调项目建设工作，完成项目评审、项目招标、平台主体建设、重点应用建设等工作，协调解决有关重要事项，提出指导意见，以保障项目顺利实施。

新津区综合执法局作为具体执行和管理单位，云天励飞作为项目承建方。

（四）相关建议

1. 不同平台之间的对接和兼容

政府部门建设了多个区级平台，这些平台涵盖不同的功能和数据。政府部门和建设方需协调新系统，与这些已有的平台无缝对接，以实现数据的统一管理和综合利用，提升整体的管理效率和响应速度。

2. 平台业务与不同部门间协调

平台业务涵盖了民生活动、应急任务、街道管理等多个方面，涉及的领域广泛且复杂。这要求政府部门和建设方在设计和实施过程中要考虑各个业务的真实需求和特殊性，确保每个方面都能得到充分的覆盖和高效的管理。

3. 典型问题的应对思路

（1）打破视频平台带宽限制

现有的视频监控平台提供的网络带宽较小，导致能够支持的视频并发数量非常有限，需要优化带宽和视频压缩技术以提升整体性能。

（2）协调平台对接多种需求

面对政府多个平台的不同功能和数据，新平台需与现有平台无缝对接，以实现数据的统一管理和综合利用，提升整体的管理效率和响应速度。

（3）缓解硬件感知能力不足

如硬件设备感知能力较弱、摄像头点位布置不够密集，需要加强硬件设施的布局和提升感知能力。

（4）提高系统对接和设备兼容性

项目涉及多个业务系统及多种软硬件设备，需重点确保各设备和系统的兼容性与协同工作能力，保障数据流通顺畅及管理操作便捷。

第十二章 “社区通+小鲸AI”加强社工队伍建设，助力基层治理

一、案例概要

（一）基本情况

“社区通”是上海市宝山区首创的互联网时代基层治理新模式，以居村党组织为核心，基于移动互联网和大数据技术，构建了一个线上线下协同运作、政府和辖区居（村）民良性互动的工作系统。“社区通”于2017年在宝山全区推广使用，多年来持续赋能宝山区基层治理。

“社区通”平台由具有清华大学背景的鲸邻科技团队提供技术支持，2023年10月，依托“社区通”多年的经验知识积累，鲸邻科技推出了基于生成式预训练Transformer技术的社区治理行业应用——“小鲸AI”。这是一款为社区工作者研发的AI大模型应用，精准满足社区工作需求，旨在为基层减负增能。2024年5月，“小鲸AI”在“社区通”的发源地宝山区月浦镇率先试点，初见成效。2024年8月，“小鲸AI”在宝山全区范围内试用，在老龄、卫生、矛盾化解等30多个领域，以生成式人工智能赋能社工成长和社区治理。通过“社区通”和“小鲸AI”的深度融合，上海市宝山区在基层治理创新和社工队伍建设方面取得了显著成效。

（二）项目亮点

1. 新体系

通过“小鲸AI”把新的技术和理念融入已有的“社区通”工作体系里，构建新的工作体系，同时也构建了新的科学决策体系，帮助基层在疑难问题

的解决中更快、更精准地找到关键点，起到辅助决策的作用。

2. 自闭环

在宝山区政府的牵头下，不断以“社区通”积累的基层治理实战案例“投喂”给“小鲸 AI”，让其在实践中更加“聪明”，从而提升社工的专业能力与服务质量，加强社工队伍的整体建设。与此同时，也极大地激发了基层社区工作者应用“社区通”的创造力，提升了社区治理活力，实现了以社区的力量反哺社区，以“智理”推动基层治理的不断创新与发展。

3. 强赋能

通过“社区通”把传统的社会治理搬上云端，实现数字化赋能，丰富参与主体，拓展互动模式，优化服务模式，解锁服务群众新方式。同时结合“小鲸 AI”赋能社工成长，弥补社工队伍里的三大不平衡，帮助年轻社工尽快掌握社区工作的基础知识和基本技能，帮助基层社工积极探索属地化的新思路、新办法、新举措，提升工作效率。此外，“小鲸 AI”在帮助基层社工赋能的同时也做到了减负，让基层社工有更多的精力更好地服务群众。

4. 低成本，轻应用

“小鲸 AI”无须复杂的硬件设备和烦琐的系统集成，仅需简单的软件部署和操作培训，即可让基层社区工作者轻松上手，快速应用。这一轻量化的应用模式，不仅降低了社区治理的运营成本，还具备高度的灵活性和可扩展性，可根据社区实际情况进行定制化配置，确保资源的最大化利用。

（三）项目特点

1. 社会治理行业大模型的应用

“小鲸 AI”凭借庞大的专业知识库和先进的算力算法，为社区工作者出谋划策，为基层社会治理提供解决方案和建议。每次人机互动皆是训练，在增强 AI 助手专业性与服务能力的同时，也更好地提高了社区工作者的工作效率、专业能力以及为民服务质量。

2. 精准智能问答

基于居民区不同的工作场景，社区工作者可以按需选择不同的模式进行一问一答。“小鲸 AI”可在老龄、卫生、矛盾化解等 30 多个领域，提供政策解读、活动策划、问题解决及决策建议等方面的精准指导与服务。

3. 增强反馈循环

社区工作者在“社区通”上发布社区公告、发起社区投票、组织社区活动以及解决居民诉求等，以此积累的专业知识和丰富经验构成了“小鲸 AI”的专业语料库。通过人机交互的不断使用，形成了一个正向的反馈循环，在这个循环中，“社区通”和“小鲸 AI”相互促进，共同进步。

4. 属地化服务

每个社区都有其独特的特点和人员构成，通过投喂一些地方化、区域化、特色化的实践经验和数据，“小鲸 AI”更加具备属地化特色，弥补城乡之间、地区之间的不平衡，确保它在每个社区工作者手中都能变得越来越好用。

5. 智慧联动

在“社区通”背后，宝山区建立了“社区通治慧中心”，对社区参与数据进行深度分析，描绘基层社区画像，形成不同类型社区群众需求的对比分析结果。发布不同人群、街镇、阶段的需求前十位列表，对社区舆情苗头进行实时预警。建立大数据模型，实时发现群众“痛点”、民生“堵点”，给出工作提示，实现精准治理。

二、技术架构

宝山区“社区通”是一个高度互联的信息系统，以基层群众的实际需求为工作的逻辑起点，践行群众路线，积极应用生成式人工智能，加强社工队伍建设，实现了精准高效的为民服务，促进了智慧治理的融合与联动。“社区通”的技术架构如图 12-1 所示。

基础设施层：支撑“社区通”智能化、高效运行的关键组成部分。

治理基础层：宝山“社区通”通过 4 个子平台解决居民问题，同时收集、整合和管理数据，为社区治理提供数据支撑。

能力支撑层：通过信息收集、监测预警等关键功能，利用先进的数据治理技术，实现系统融合和数据融合；同时，充分利用生成式人工智能技术为已有平台注入新的活力，将“小鲸 AI”接入“社区通”，使基层治理更高效和精准。

智慧应用层：涵盖了信息获取、问题解决、议事协商、互动参与、社区服务等多个方面，通过科技手段优化资源配置，提高治理智能度。

政府观察层：通过对海量数据的深度挖掘、综合分析，实现日常工作监管、数据综合分析和社区智能治理。

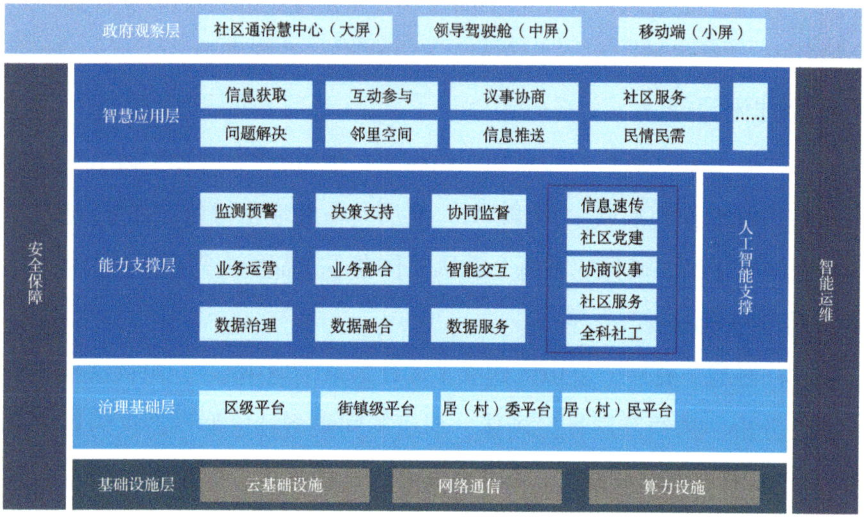

图 12-1 “社区通”技术架构

资料来源：作者自制。

三、业务介绍

（一）业务对象

1.“社区通”的业务对象

居（村）民：宝山区的全体居民和村民。

居（村）委：包括居委会、村委会成员等，通过“社区通”开展日常工作，提升服务效率。

街镇：街镇可在街镇级平台创建信息，监管所在街镇的所有居（村）民信息。

区政府：区政府可在区级平台创建信息，监管宝山全区所有居（村）民信息。

2.“全科社工·AI 助手”的业务对象

居（村）委：包括居委会、村委会成员等。

（二）业务流程

宝山区“社区通”的业务流程主要从居（村）民反映问题开始，经过问题收集、协商处理和结果反馈等环节，最终实现问题的有效解决和社区治理水平的提升（见图 12-2）。

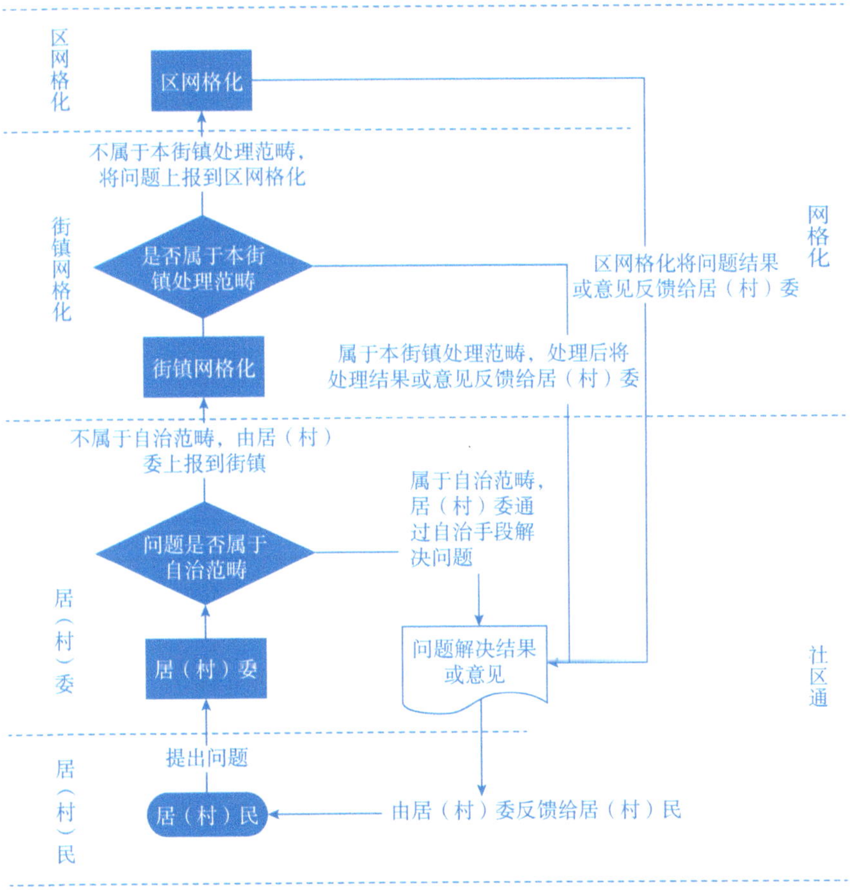

图 12-2　宝山区“社区通”与区网格对接问题解决流程

资料来源：作者自制。

问题收集与反馈：居（村）民、社区工作者和党员干部等可通过“社区通”平台轻松提交问题、建议或投诉，实现问题的及时上报和反馈。

问题分类与派单：宝山区“社区通”利用大数据和人工智能技术，对问题进行自动分类，区分居村层面和更高层级处理的问题。居村层面问题自动派单给居（村）委，超出范畴的问题则转入区网格化平台处理。

问题处理与跟踪：接到派单后，相关部门迅速响应并制订解决方案。处理过程中，“社区通”平台全程记录，便于监督的同时为后续分析提供数据支持。处理完成后，结果反馈给平台，居民可以通过平台查看问题处理情况，并对处理结果进行评价和反馈。

用户接入与交互启动：社区工作者可以在“社区通”居委端管理页面点击“小鲸 AI”入口直接一键登录（见图 12-3）。

图 12-3　小鲸“全科社工 · AI 助手”用户界面

资料来源：系统界面截图。

需求识别与响应：社区工作者根据工作需求选择服务模式，场景模式通过“任务类型 + 工作条线”的复合场景，精准生成与工作需求高度匹配的结果。高级模式聚焦较为复杂的应用场景，模拟与人类助手之间的互动。AI 助手首先根据需求提供一个较为全面系统的思维框架，社区工作者可在框架的各维度下进一步补充和细化具体内容，通过互动，共同形成富有创意和实用性的建议方案。自定义模式是一种开放通用的操作模式，针对社区治理工作中各类复杂程度较低的问题，社区工作者可以根据问题详情，灵活输入指令内容，从而快速获得相应的解决方法。

（三）典型应用场景举例

1. 解读政策

社区工作涉及众多条线，相关政策亦不断更新。社区工作者可利用“小鲸AI”，迅速掌握最新政策动态，避免因不了解政策而影响问题解决。

2. 策划活动

新入职的社区工作者在开展社区活动时若感觉缺乏经验，可与AI助手对话，获取具体思路和指导，详细了解实施过程中的注意事项，从而顺利开展活动。

3. 辅助决策

面对社区工作中的疑难问题，社区工作者可以通过与AI助手进行对话，快速了解相关法律法规及标准，并借助其提供的政策支持和决策建议，确保问题得到全面考虑并高效解决。

4. 解决问题

“社区通”建立了自动收集、分层处置、全程记录、群众测评”的问题跟踪系统，全面收集、快速回应，及时解决群众需求。老百姓足不出户，轻触屏幕，就可以把问题解决在指尖。截至2024年7月底，宝山区“社区通”共解决群众关心关注问题29万余个。

5. 议事协商

“社区通”建立了“提出议题—把关筛选—开展协商—形成项目—推动实施—效果评估—建立公约”的议事协商操作链，让自下而上提出议题、形成项目、订立公约成为新常态。截至2024年7月底，宝山区“社区通”共产生议题4万余个，形成公约和项目1.4万余个。

四、数据要素

1. 数据来源

包括发布信息、社区互动、政府公开政策等，确保所采集的数据来源合法，不存在未经授权或违反法律法规获取信息的情况。

2. 数据利用

通过构建数据仓库和商业智能分析平台为决策者提供有效的数据支撑，决策者能够更加准确地了解社会治理的现状和趋势，制定更加科学合理的政策和措施。同时，使用数据训练大模型不断优化 AI 助手，以便决策者更好地应用于实际的基层工作场景。

3. 数据安全

建立完善的管理规范，明确采集范围，规范采集流程，建立严格的访问控制机制，制定应急预案，建立灾难恢复体系，对敏感数据进行加密存储和传输，确保数据在存储和传输过程中的安全性。在数据共享和流通前，对敏感数据进行脱敏处理，防止敏感信息泄露。

五、场景推广

（一）适用场景类型

1. 年轻社工面临挑战

近年来，大量新生力量充实了基层社工队伍，年轻社工因缺乏社区工作基础、技能和经验，不敢积极工作，导致与居民关系紧张，形成恶性循环。

2. 居村问题复杂性增加

居村问题日益复杂，解决难度加大，要求社工具备更高的专业素养和综合能力。若处理不当，矛盾可能激化，引发更大社会问题。

3. 居民满意度低

长期居民满意度低可能对社区的整体氛围和治理效能产生负面影响，阻碍社区的和谐与发展。

4. 服务质量参差不齐

不同社工的专业水平和综合能力存在差异。

5. 街道和乡镇差异大

不同街道和乡镇在地理位置、人口结构、经济发展水平、社会文化背景等多方面存在差异，这种差异性要求基层治理需因地制宜、科学决策，制定有针对性的策略和措施。

（二）项目支持条件

1. 数据条件

丰富数据：包括居村基础信息、社区地理信息、服务需求数据、事件处理数据等，并需政策法规库、专业知识库的支持。

数据更新：按需及时更新政策法规和街道（乡镇）、社区的特色化数据。

数据使用：在建设单位的牵头下规范使用数据。

2. 运营条件

制定明确的运营目标与规划、完善的组织架构与团队建设、充足的数据支持与更新机制、有效的培训与激励机制、持续的监督与评估机制、良好的沟通与协作机制、强大的技术支持能力与积极的系统迭代机制等。

3. 研发条件

生成式大语言模型：强大的自然语言处理技术，用于生成连贯、富有逻辑的文本。

GPU 资源：用于大模型的训练、微调、推理。

服务器资源：高性能的服务器集群确保模型能够稳定运行并快速响应。

网络基础设施：保障数据传输和模型部署，高速的互联网连接、优化的网络拓扑结构和先进的网络设备，确保模型训练数据的高效传输和模型服务的可靠访问。

（三）场景的组织管理

为确保项目高效推进，建设方要制定实施意见、工作规范、指导手册，明确区、街道（乡镇）、居（村）三级职责，形成即时反应、巡查监督、线上线下联动的工作机制，确保问题有解决、工作有监督、成效有考核，助力基层治理更加数字化、智能化和精细化。同时，需要建立一套长期的沟通机制，以确保团队内部以及团队与相关政府部门之间信息流通顺畅、协作高效。

（四）建议

1. 区域场景

若某地尚未建立专属的智慧化治理平台，或现有平台尚不够完善和系统化，可根据当地实际情况，选择引入“社区通”来填补智慧治理的空白，或者引入“小鲸 AI”来强化基层队伍建设，也可以同时引入两者，以实现智慧治理的双重效果。而对于已经拥有功能较为完善的相关平台的地区，则可进一步引入“小鲸 AI”，借助科技力量赋能基层队伍建设，有效提升工作效率与服务质量，推动基层治理的创新发展。

2. 重运营

“社区通”和“小鲸 AI”是独立的轻应用，两者的使用都需要线下成熟的运行机制的配套以及专业化、复合型团队的运营支撑，以便取得良好成效。比如，“小鲸 AI”在解决街道和乡镇差异化大的问题方面有独特优势，运营团队可深入各街乡镇，提供驻地服务，根据每个地区的实际情况和需求，进行精准化的智能配置和优化，有效应对各种差异化挑战。

3. 数据管理

建立健全数据管理机制，确保平台与“小鲸 AI”的数据采集、存储、处理和分析过程合规安全。加强跨部门数据共享与整合，提升数据质量，为科学决策提供精准支撑。

4. 宣传与培训

通过宣传和培训，让基层工作者主动拥抱新科技，了解“社区通”和“小鲸 AI”的功能和优势，真正实现减负增能。

5. 持续迭代

通过积累实践经验、“投喂”丰富数据、紧跟政策更新步伐，持续升级与迭代，确保平台和“小鲸 AI”越用越好用。

第十三章 腾昕科技“家庭警察”AI 系统打造网上“枫桥经验”新样板

一、案例概要

（一）项目基本情况

自 2021 年起，杭州腾昕信息技术服务有限公司协助金华市公安局江南分局基于企业微信政务版打造了“家庭警察”社区警务模式。“家庭警察”利用企业微信与个人微信互联互通的能力，构建了警民零距离的 24 小时线上线下互动模式，成为新时代“枫桥经验”的又一实践样本。经过多年探索实践，江南分局 346 名民警都成为辖区居民的“家庭警察”，覆盖辖区内 30 多万名居民，随时提供帮助。所有“家庭警察”的企业微信号、手机号、实名认证派出所、社区名称及民警姓名等均向社会公布，微信头像统一使用警官证照片。

群众在哪里，民警就在哪里。互联网时代，城市民意在微信里，警务机制要随之变革，构建警民零距离互动式的“家庭警察”制度，助推现代警务模式质量变革、效率变革和动力变革，以更好的服务保障民生，密切警民关系，提升警务效能。为提升警务质效，“家庭警察”在添加居民好友时会根据群众身份进行归类，如村（居）干部、普通群众、业委会成员、财务人员、治安积极分子、“两代表一委员”等 53 个小类，用于精细化管理。

2023 年，江南分局进一步拓展“家庭警察”社区警务治理模式，将“家庭警察”微信作为拓宽意见表达、收集建议的新渠道，延伸开发了民意感知系统，接受群众对公安警务活动的全方位监督。该系统在“家庭警察”添加居民微信后自动向其推送“民意驿站”小程序，通过微信广泛收集民意。

江南分局在企业微信政务版平台上，对通过微信收集到的民意直接发起流转督办流程，一方面规范受理、督办、反馈、回访各个环节，确保在线诉求事事有回音、件件有落实；另一方面创设 AI 民意感知模块进行关联数据研判，未雨绸缪，落实预防措施。

“家庭警察”民情民意全时感知系统是一款集智能化、网络化、高效化于一体的轻量化社区警务治理创新产品（见图 13–1）。该系统以公安社区警务工作为核心，基于腾讯公司的企业微信政务版平台打造，充分利用企业微信政务版与个人微信互联互通的能力，通过警民微信交友方式，实现民意诉求线上反馈、全部流程闭环管控、民意采集一键宣发、警务服务全天在线等功能，打造了新时代网上“枫桥经验”的新样板，真正做到对民意诉求的全时感知、精准服务和高效处理。

图 13–1 “家庭警察”民情民意全时感知系统界面

资料来源：界面截图。

（二）项目亮点

1. 易使用

“家庭警察”民情民意全时感知系统基于企业微信政务版打造，企业微信的产品设计保持了和微信一样的体验。对于政府部门来说，与微信近乎相同的操作方式，能够帮助工作人员快速上手，减少培训成本；对于群众来说，他们不需要额外下载 App，仅需添加民（辅）警为好友就可以交流，简单易用，心理接受度高。同时，企业微信政务版上的人员标签能够显示人员所属单位，避免群众被骗。通过单聊功能，可以进行一对一即时沟通；通过群聊群发功能，可以实现一对多信息传播，群内可设置微信机器人，通过关键词识别等方式，自助回复群友提问，打造 24 小时自运转社群；通过朋友圈功能，可以统一发表内容，进行信息输出与交流沟通，开展政策宣传；通过民情驿站小程序，还能够快速填报收集各项信息。

2. 微创新

“家庭警察”民情民意全时感知系统将企业微信、腾讯文档、腾讯会议等各项互联网 SaaS 产品能力打通，居民添加民（辅）警的企业微信后，系统自动推送民意问卷，民意问卷填写结果自动分类统计、不满意问卷自动流转督办、督办结果一键发送告知等多项能力的整合，实现了民意问题从发现到解决的全流程闭环，极大提升了居民参与社会治理的意愿和积极性。

3. 低门槛

“家庭警察”民情民意全时感知系统的各个子应用，均基于互联网现有产品体系作进一步改造后产生。例如，民情驿站基于小程序开发而来，民意问卷基于腾讯文档收集表功能开发产生，既群发宣传，又运用了企业微信原生的点对点群发的功能和流程审批的功能等。因此，该系统的整体技术实现门槛难度低，具备充分可复制性。

4. 较实用

“家庭警察”民情民意全时感知系统不仅可以用于警务督察，还可用于警务系统警民互动多个领域。例如，社区警务熟悉度、满意度、平安感评价，重大民生实事需求调研，派出所工作晾晒评比等场景，实现一次开发、多场景复用，确保整个系统更贴合一线管理需求。

5. 更智能

目前该项目一期已经实现了多个自动化流程，包括添加居民自动推送、居民信息自动同步、民意反馈智能跟进、评价结果自动分类、对话内容自动抓取、对话关键词智能分析。

6. 可扩展

该模式下，通过全面覆盖辖内居民，未来还可拓展更多应用场景。此外，该系统已经在申报二期计划，二期拟引入人工智能大模型，对一期项目中警民线上微信对话已经产生留存的 100 多万条聊天数据进行智能分析建模，同时通过利用腾讯企业微信官方已经建立的数据专区对四大人工智能模型进行深度挖掘应用，具体包括应答话术推荐模型、自动标签生成模型、对话情感分析模型、对话概要总结模型等。

（三）项目特点

该项目的特点为：一脑两端三应用、四通八达加 AI。

一脑：即智能决策中枢（民意感知驾驶舱），可以统筹进行数据查看管理、任务下派发布等操作。

两端：即企业微信政务版端和微信端。警务工作人员使用企业微信政务版开展日常社区警务工作和民情民意采集工作，居民无须下载任何 App 及其他应用即可和社区民（辅）警实时互动。

三应用：即民意驿站小程序、民情民意问卷、事件闭环流转督办。

AI 辅助：引入人工智能技术，对海量数据进行智能分析，帮助警务人员快速识别问题类型、预测发展趋势，从而为科学决策提供支持。

该模式通过整合线上平台和线下资源，利用微信平台的即时通信功能，可以实现居民通过微信等线上渠道随时反映问题，线下警务人员则能迅速响应，提供服务，社区警务与居民生活无缝对接。从问题收集、分析研判、任务分发、现场处理到结果反馈，形成了一套完整的闭环管理机制，智能化、网络化、高效化地确保每个问题都能得到及时、有效的解决。

智能化：依托人工智能技术，实现信息的自动收集、分析和处理，提高工作效率和准确性。

网络化：借助互联网平台，打破时间和空间的限制，实现警务工作与居民生活的紧密连接。

高效化：通过线上线下联动和流程闭环管理，确保问题得到迅速响应和有效解决，提升居民满意度和幸福感。

二、技术架构

“家庭警察”民情民意全时感知系统的技术架构主要包括感知层、网络层、数据层、应用层和展示层 5 个部分。

感知层：通过企业微信、民情驿站小程序等应用，实时收集居民提交的各类信息，包括视频、音频、图片等。

网络层：利用互联网和移动通信网络，实现信息的传输和共享，确保数据的实时性和准确性。

数据层：对收集到的数据进行清洗、整合和存储，构建统一的数据资源池，为上层应用提供数据支持。

应用层：包括智能分析、流程管理、微信互动等多个功能模块，实现问题的自动识别、分析研判和快速处理。

展示层：通过驾驶舱向领导层展示系统运行状态和处理结果，通过小程序向居民展示服务进展，为用户提供便捷友好操作界面和体验。

三、业务介绍

（一）业务对象

“家庭警察”民情民意全时感知系统主要面向社区居民、警务人员以及警务相关部门提供服务。社区居民可以通过系统反映问题、咨询或求助；警务人员利用系统进行问题的收集、处理和反馈；公安基层基础管控及警务督察等部门则可以通过系统了解民情民意，制定相关政策措施。

（二）业务流程

“家庭警察”民情民意全时感知系统的业务流程包括建立连接、问题收集、分析研判、任务分发、现场处理、结果反馈 6 个步骤。

建立连接：社区民（辅）警广泛发动辖区内居民添加“家庭警察”企业

微信为好友，进行日常沟通交流，建立紧密联系。

问题收集：居民通过“家庭警察”企业微信以及民意驿站小程序等渠道反映问题、咨询或求助，系统自动记录并生成工单。

分析研判：系统对工单进行智能分析，判断问题类型、紧急程度等，并生成处理建议。

任务分发：根据处理建议，系统将工单分发给相关人员进行处理。

现场处理：警务人员根据工单内容到现场进行处理，并通过系统记录处理过程和结果。

结果反馈：系统将处理结果反馈给居民和相关部门，并收集居民对服务的满意度评价。

（三）典型应用场景

居民求助或咨询：居民通过系统反映问题、咨询或求助，如噪声扰民、邻里纠纷等。

特殊人群关怀：系统可对特殊人群（如空巢老人、残疾人等）进行重点关注，并提供必要的帮助和服务。

政务服务评价：居民可对基层政务部门的服务态度、办事效率、执法公正等进行评价监督，确保法治社会、民主社会的稳健运行。

四、数据要素

本系统涉及的数据要素主要包括居民信息、问题信息、处理信息以及满意度评价等。这些数据通过智能分析和处理，可以为警务工作提供有力的决策支持和服务保障。数据要素通过系统的收集和分析，为优化社会治理、提升服务效能提供了有力支持。

居民信息：包括居民的基本身份信息、联系方式、居住地址等，这些信息是确保服务精准到个人的基础。系统对居民信息进行加密存储，确保信息安全。

问题信息：居民通过系统反映的问题，如治安问题、环境卫生、公共设施损坏等，都会被详细记录。系统还会对这些问题进行分类、标记优先级，以便于后续的处理和分析。

处理信息：警务人员根据问题信息进行的处理过程，包括处理时间、地点、人员、处理结果等都会被详细记录。这些信息不仅用于向居民反馈处理结果，还用于后续的评估和改进工作。

满意度评价：居民对警务人员处理问题的满意度评价是系统收集的重要数据之一。这些评价直接反映了居民对服务的满意度和期望，为系统优化服务提供了重要的参考依据。

五、场景推广

（一）适用场景类型

警务督察：本系统可以用于基层社区警务的服务质效评价，使得一线派出所民（辅）警出警及执法工作更公开透明，警务督察通过直接连接辖内的广大居民群众，可及时发现基层民（辅）警的各种违法违纪问题，加强同片区内群众的联系互动。

人大政协：本系统还可以用于基层立法联系点和人大联络站联系辖内居民，收集群众对于人大立法的意见建议及各种问题反馈，以及政协议案主题征集和议案评价反馈。

群防群治：本系统特别适合各类自治组织通过该模式联系辖内群众，实现基层自治。

应急管理：本系统还可用于应急管理单位管理辖内各组织及应急队伍，确保各类问题隐患被发现和消灭在第一线。

社区治理：本系统特别适合用于城市社区、乡村等基层治理场景，帮助政府和社区实现高效、精准的民情民意收集和处理；

公共服务：在公共服务领域，如教育、医疗、交通等，本系统也可以发挥重要作用，提升公共服务质量和效率。

智慧城市建设：作为智慧城市的重要组成部分，本系统有助于提升城市的智能化水平和治理能力。

（二）项目支持条件

政策支持：需要得到政府和相关部门的政策支持，例如，明确通过微信渠道进行民情民意的采集属于政策鼓励的方向；单独的预算资金用于通过互联网渠道进行民情民意满意度测评等工作，作为传统电话渠道民意调研评价的有效补充。

技术支持：建议政府加大对云开发、人工智能等技术的扶持力度，鼓励企业招揽储备高端先进技术的实用型人才，同时对此类人才在本地企业的就业提供资金补助，助力技术的快速落地。

社会支持：需要得到社区居民和相关机构的广泛支持，形成共建共治共享的良好氛围。建议由社会工作部牵头，指导各类高等院校、学术机构、第三方机构等加强对新模式的研究探讨和学习，推动整个社会形成“技术优先、AI 驱动”的社会文化氛围，鼓励优先通过低成本、高实效的途径，加强对技术应用于基层社会治理的实践。

（三）场景组织管理

组织架构：在本案例落地过程中，江南分局明确了局领导牵头、警务督察大队主抓、基层基础大队及基层派出所等其他警种充分参与的组织机构管理模式，明确项目的组织架构和人员分工，确保各项工作有序进行。

流程管理：在本系统落地后，江南分局针对微信民意感知，制定了详细的操作流程和管理制度，明确了从分局警务督察大队到各个派出所所领导再到值班警察等各流程相关人员的职责分工，要求当日所有受理的警务投诉必须要明确反馈给投诉人，确保系统的规范运行和高效处理。

培训指导：在本系统正式投入使用前，江南分局组织警务人员和社区居民进行系统的培训指导，提升他们的使用技能和满意度。在产品日常使用过程中，建立了专门的系统运营维护工作群，确保所有问题能第一时间得到响应和解决。

（四）相关建议

加强宣传：通过各种渠道和方式加强对系统的宣传和推广，提高居民的知晓率和参与度。

持续优化：根据用户反馈和实际需求，不断优化系统功能和操作流程，提升用户体验和满意度。

数据共享：推动数据共享和交换机制的建设，实现与其他相关系统的互联互通和数据共享，提高整体治理效能。

综上所述，腾昕科技“家庭警察”民情民意全时感知系统是一款集智能化、网络化、高效化、低门槛、易复制于一体的社会治理创新产品，具有广泛的应用前景和重要的社会意义。通过不断优化和完善系统功能和操作流程，可以进一步提升社会治理效能和居民满意度，为构建和谐社会贡献力量。

六、项目成果与社会影响

（一）矛盾纠纷与咨询的高效解决

江南分局充分利用“家庭警察”企业微信号这一平台，民警结合信访工作的特点，针对群众普遍关心的逐级上访、重复信访等问题，进行了多角度、多层次的线上答疑解惑。同时，联合驻所律师、驻所调解员，共同引导群众合理维护自身权益，依法有序进行信访活动。这一举措取得了显著成效，2024 年以来，累计解决矛盾纠纷、问题咨询高达 2300 件，有效缓解了社会矛盾，提升了群众满意度。

（二）民意感知模块的显著成效

江南分局研发的民意感知模块，通过便捷的线上扫码方式，广泛征求并收集群众的意见建议。该模块自运行以来，共收集到各类意见建议 723 条，其中解决群众具体诉求 156 个，展现了江南分局对群众需求的积极响应与高效务实。值得一提的是，群众对民警执法执勤的综合满意率高达 99.7%，充分说明了“家庭警察”制度及民意感知模块在提升警务效能、改善警民关系方面的重要作用。

（三）警务队伍建设监督的创新举措

民意感知得到的评价数据可以有效反哺警务队伍的人员管理，破除隐性台阶、亮出显性标准，建立了一套科学、公正、透明的选拔任用机制，有效激发了队伍的活力与战斗力。同时，还可加强对民警的日常监督与培训，特别是对“苗头问题民（辅）警”实行早发现、早预防、早教育，确保队伍风险隐患动态清零。

（四）群众广泛参与与高度评价

“家庭警察”制度的实施，极大激发了群众的参与热情。群众纷纷通过“家庭警察”微信群、线上扫码等方式，向江南分局提出宝贵的意见与建议，实时反映投诉、举报事项。这种广泛而深入的群众参与，不仅为分局的警务工作提供了重要的参考与依据，也促进了警民关系的进一步和谐。群众对“家庭警察”制度的认可度极高，纷纷表示感受到了前所未有的安全感与获得感。

综上所述，江南分局的“家庭警察”民情民意全时感知系统及其配套措施，在提升警务效能、改善警民关系、促进社会和谐等方面取得了显著成效。

第十四章 汇信科技“法智通·行业专家大模型体系”助力综合监管提质增效

一、案例概要

（一）基本情况

2023年3月，浙江汇信科技有限公司（简称“汇信科技”）以浙江省“大综合一体化”行政执法改革为契机，结合跨部门多领域的综合监管需求，聚焦“人工智能+综合监管”应用场景，将AI大模型技术与综合监管场景深度融合，以依法行政、依法监管为核心原则，为执法人员提供更加安全、深度、便捷的智能化支持，构建了面向综合监管领域的“法智通·行业专家大模型体系”。

“法智通·行业专家大模型体系”由法律法规相关知识库基础能力构建的法律法规知识大模型、支撑不同政府职能部门的政务专家模型以及面向综合监管业务应用场景的“法智通·AI执法智能体”三部分组成。“法智通·行业专家大模型体系”自推出以来，已完成6个版本的迭代升级，顺利实现上线试运行，通过对“人工智能+综合监管”应用场景的实践，显著提升了综合监管的科学性、靶向性、精准性和智能化水平，营造良好的营商环境，为持续打造有标识度的“有感服务、无感监管”的浙江模式奠定了坚实基础。

（二）项目亮点

1. 筑建法治监管基石

法律法规知识大模型通过智能识别、拆解、生成及动态更新法律法规、部门规章、规范性文件等基础能力，构建全面且实时更新的法律法规知识库。智能生成业务知识库、行政职权库、执法事项库等，为监管工作提供坚实的法治基础。解决了法律法规标准不统一、行政职权不统一、执法事项不统一等问题，提升了监管工作的规范化水平。

2. 融合行业知识驱动

行业专家大模型拥有精准的自然语言理解、分析和深度学习技术，结合市场监管、城市管理、交通运输、文化旅游、生态环境等多个领域的行业知识，形成了具有专业领域属性的各类行业专家模型。例如，市场监管行业专家模型，囊括了市场监管行业领域的知识产权、特种设备、食品和药品、广告、医疗器械等行业领域知识，以及监管方式、执法流程、法律法规、检查/处罚/强制措施、勘验标准、裁量基准等市场监管部门的监管业务知识。融合行业领域知识和监管业务知识所构建的行业专家模型，能够支撑“法智通·AI执法智能体”为监管人员提供各式各样的智能辅助。

3. 提升监管效能好帮手

“法智通·AI执法智能体”依托行业专家模型和各类知识库，在监管人员开展监管工作时，为其提供业务知识智能检索、监管方式和流程指引、监管行为和结果校验、监管记录和相关文书生成等智能辅助功能，通过智能化工具减少人工操作，提高执法效率，降低执法风险。优化了执法流程，减少了不规范操作导致的问题，提升了执法工作的整体效能。

（三）项目特点

1. 从人工到智能的转变

通过法律法规知识大模型的自然语言处理能力和智能解析能力，以人工智能先进技术替代传统人工方式对法律法规进行解读，智能生成行政职权清单、执法事项清单，实现从完全人工梳理和编制向智能化生成的转变。截至

2024年，已智能解析解读全国各类法律法规、部门规章超过13700部，智能生成各类行政职权清单、执法事项清单9700余项。

2. 从主观到标准的转变

法律法规知识大模型采用统一标准解析法律法规和生成行政职权清单、执法事项清单，实现从人工主观理解和编制向标准化编制的转变，对法律法规和部门规章梳理、解析等工作的效率提高约40%。

3. 从通用到专精的转变

行业专家大模型的构建，将普遍粗颗粒度的常规通用行业知识和监管业务知识进行细化，并针对不同行业领域深度挖掘，形成某个行业领域精细化的知识结构，实现从通用行业知识到专精行业知识的转变。目前，已形成和正在研究的行业知识模型包括消防救援、综合执法、市场监管、公安、应急管理等多个行业。

4. 从盲目到规范的转变

“法智通·AI执法智能体”在综合监管过程中的依据检索、内容校验、工作指引、文书生成等能力，为业务熟练度不高的监管人员提供了规范化的智能指导、流程规范和文书规范，实现了从盲目开展监管工作到规范化工作的转变，有效提升监管检查效率30%以上。

二、技术架构

“法智通·行业专家大模型体系”的总体架构采用AI大模型、云计算、大数据等新一代信息技术，整合综合监管相关数据资源，构建一整套从大模型基础能力到知识库，再到支撑专业应用场景的行业专家模型，最后通过“法智通·AI执法智能体”应用实现对各综合监管部门业务场景的服务能力（见图14-1）。具体由以下层次构成。

1. 基础能力层

法律法规知识大模型作为“法智通·行业专家大模型体系”的基础，采用大语言模型（LLM）、检索增强生成（RAG）、智能体（Agent）等技术，结合各类综合监管数据，构建完整的知识库和知识图谱结构，为整个体系提供

AI 大模型的基础技术支撑能力。

2. 应用支撑层

以行业专家大模型为核心，运用机器学习、深度学习、强化学习、迁移学习等技术，将基础能力层的知识库和知识图谱与不同行业领域的行业知识、业务知识相结合，形成针对不同行业领域的知识索引、校验、指引、生成等行业专家模型，为综合监管应用场景和“法智通 · AI 执法智能体”提供场景应用支撑。

3. 场景应用层

“法智通 · AI 执法智能体”以组件、插件等形式，嵌入各行业领域的应用系统，在监管部门开展相关工作时，为监管人员提供针对当前场景的智能检索、指引、校验、生成等智能化功能。这种创新应用方式，全面提升了监管质量和效率。

三、业务介绍

（一）业务对象

“法智通 · 行业专家大模型体系”服务于综合监管领域的多个方面，业务对象包括但不限于以下两类。

1. 政府部门干部

政府各监管部门中负责解读、起草和制定法律法规、部门规章、规范性文件的部门和干部，以及负责制定行政职权清单、权力事项清单、执法事项清单的部门和干部。

2. 综合监管人员

省、市、县、乡各级各部门的所有综合监管执法队伍和执法人员。

（二）业务流程

“法智通 · 行业专家大模型体系”的业务流程如图 14–2 所示。

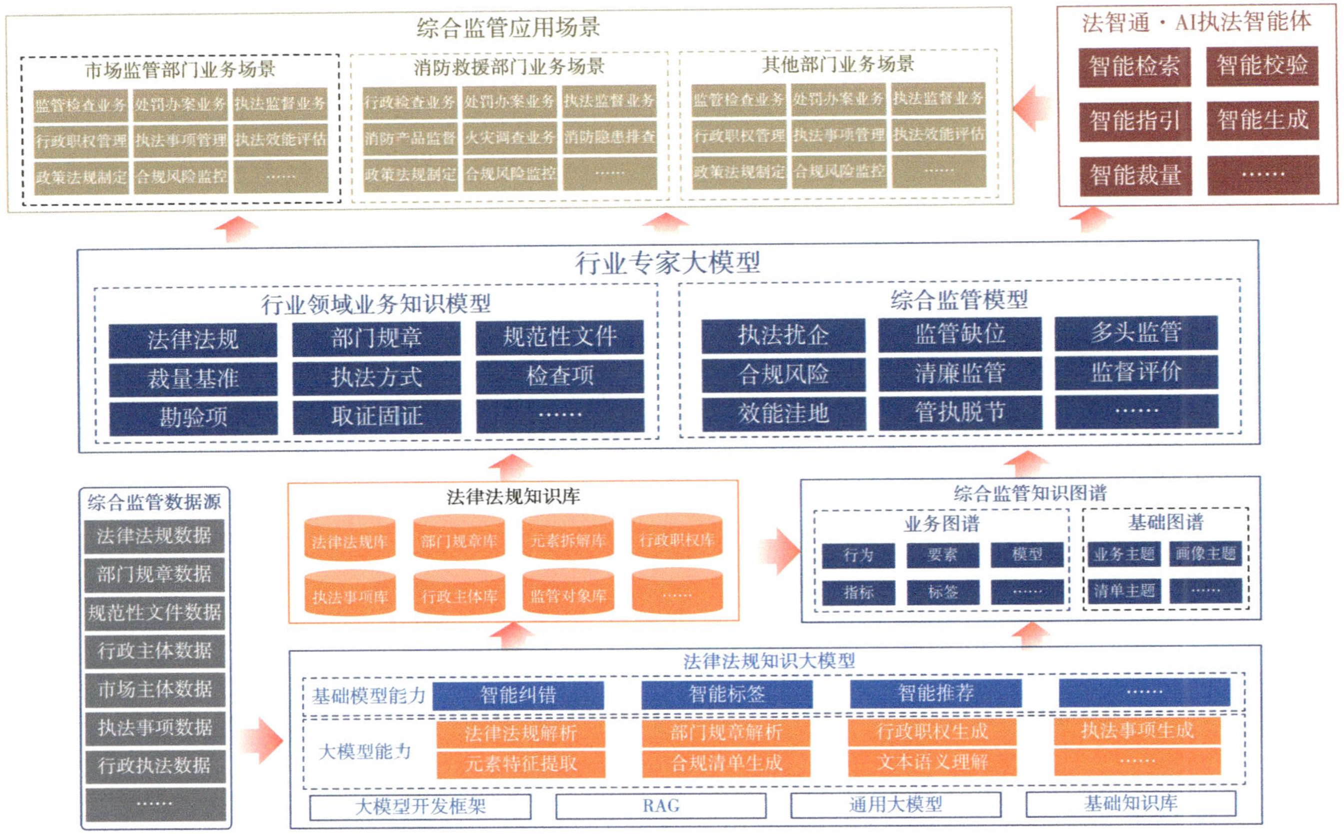

图 14-1 “法智通 · 行业专家大模型体系”的技术架构

资料来源：作者自制。

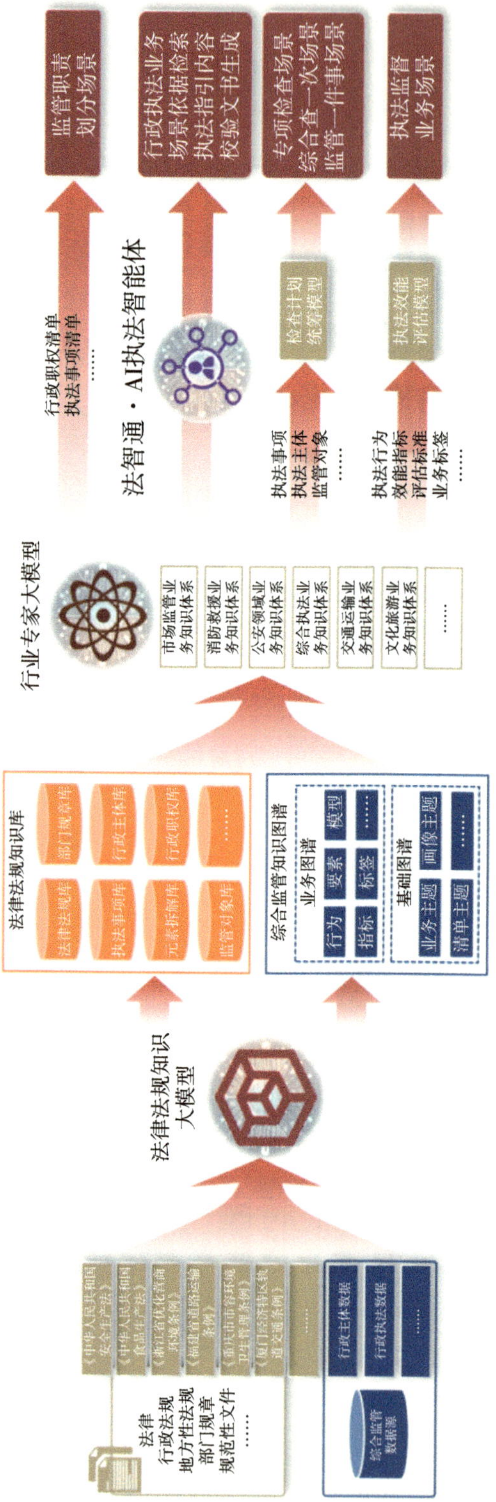

图 14-2 “法智通·行业专家大模型体系”的业务流程

资料来源：作者自制。

1. 数据智能解析

将法律法规和相关文件的数据信息、综合监管数据信息通过法律法规大模型进行智能识别和解析。

2. 知识库智能生成

将识别和解析的结果形成各种类型的知识库和知识图谱。

3. 构建行业专家知识体系

以知识库和知识图谱为基础，通过行业专家大模型形成针对各类行业领域的独立业务知识内容。

4. 业务知识支撑应用场景

基于知识库、知识图谱、行业知识，为监管业务场景提供职责划分、清单生成、数据服务、流程构建、模型构建等能力支撑。

5. 创新场景应用

“法智通 · AI 执法智能体”深度嵌入行政执法业务场景，在业务流程中提供丰富的智能辅助功能。

（三）典型应用场景

1. 法律法规解读

当国家公布某部法律法规后，使用法律法规知识大模型对其进行解析，形成法律法规解析清单，可立即生成该部法律法规中涉及的行政主体、监管对象、行业领域、适用范围、行政主体要求、监管对象要求、法律责任等信息。

2. 行政职权、执法事项清单生成

通过法律法规知识大模型的行政职权结构、职权识别规则、文本语义理解等，基于统一标准和严谨的逻辑结构，智能识别和生成包括行政许可、行政给付、行政确认、行政裁决、行政处罚、行政强制、行政征收、监督检查、行政奖励、公共服务等清单，彻底颠覆了传统的人工编制模式，通过智能识别与匹配，实现了行政职权与监管部门之间的无缝对接，极大提升了职权分配的科学性和合理性。

3. 综合监管实施

在重点专项检查、跨部门检查、综合查一次等综合监管业务场景中，可调用法律法规知识库提供的行政主体、监管对象、执法事项等数据，结合行业专家大模型的对应行业领域业务知识，构建检查计划统筹业务模型，智能分配和组合跨部门检查计划，提高行政检查效率，减少执法扰民情况的发生。

4. 执法监督评价

在各类监管部门开展执法效能评估时，以法律法规知识大模型为基础构建的法律法规知识库所衍生出的综合监管知识图谱，可根据各类监管部门的执法行为数据、效能指标、评估标准、业务标签等数据形成业务图谱和画像，从而进一步构建执法扰企、监管缺位等效能评估模型，用以支撑执法监督业务工作的开展。

5. 行政执法业务赋能

监管人员在开展行政执法业务时，“法智通 · AI 执法智能体”会在每个业务流程和步骤中提示和指导监管人员如何选择执法事项，如何开展检查、处罚等工作，应检查的具体检查项有哪些、勘验项有哪些，并针对其标准和结果智能生成检查记录、勘验笔录、法律文书等，帮助监管人员遵循正确的执法程序，减少人为错误，确保每一次执法行动都符合高标准要求，使监管人员能更专注于案件的核心问题，避免因过多的系统操作分散注意力，从而保证执法质量和效率。

四、数据要素

1. 数据来源

主要使用的数据包括法律法规数据、部门规章数据、规范性文件数据、行政职权数据、行政主体数据、市场主体数据、行政执法数据、裁量基准数据等。这些数据要素主要以公共数据、政府执法数据为主，企业自有数据为辅。

2. 数据利用

通过智能挖掘技术，高效地从海量多源数据中提取有价值的信息，发掘知识与模式。该体系实施高质量数据治理，确保数据准确性、完整性和一致性，包括数据清洗、验证和异常值去除，提升数据集质量。通过数据融合技术，将不同来源和格式的数据整合成全面、准确的数据集，增强了数据的应用价值。

3. 数据安全

为确保数据的安全性，实施严格的数据安全治理措施，包括数据加密传输、访问权限控制、数据脱敏处理、定期进行安全审计，并遵循国家关于数据保护的相关法律法规，确保数据处理过程合法合规。在数据流通过程中，确保所有数据的使用均经过明确授权。通过与政府部门签署数据授权协议，明确数据使用的范围、目的及期限，保障政府数据的合法权益。同时，实施严格的授权管理流程，确保数据在授权范围内被合理使用，避免未经授权的数据泄露或滥用。对于敏感数据和个人信息采取额外的安全措施，确保数据主体的隐私得到充分保护。

4. 数据使用中的挑战

（1）数据质量和完整性

法律法规及规章的数据有明确的输入来源，但地方政府的规章、规范性文件等数据没有统一来源。

（2）跨部门数据共享与整合

不同部门之间存在数据标准不一、格式各异的情况，需要建立一套标准化的数据交换机制。

（3）技术挑战

如何利用自然语言处理技术高效地解析和理解复杂的法律条款并保证系统的稳定性和可靠性是一大挑战。

五、组织实施条件

（一）案例适用场景

1. 法律法规解读的低效与高成本

传统的人工解读方式不仅耗费大量时间和人力资源，而且由于个体差异，对法规的理解也存在较大偏差。

2. 行政职权与执法事项编制的质量不一

在编制相关清单时，缺乏统一标准，导致清单质量参差不齐，容易出现错误和遗漏。

3. 法律法规更新滞后

人工方式难以及时捕捉法律法规的更新，增加了错误行使公权力的法律风险。

4. 监管执法不规范

缺乏有效的业务指导，导致执法过程中存在多种不规范现象，增加了执法“失真”风险。

（二）案例适用条件

为了确保项目的成功实施，需要满足以下条件。

1. 数据条件

必须保证法律法规、部门规章等公共数据的及时更新，以及政府部门综合监管数据的完整性。

2. 组织条件

在行业专家大模型的基础上，与政府部门持续紧密合作，对模型的真实性进行管理评估，持续完善业务知识细节。

3. 信息化条件

综合监管部门需具备有一定数据存储能力的高性能服务器、服务集群等基础设施。

（三）场景组织与管理

1. 商业模式

（1）项目建设与交付模式

需求方：地方政府或监管机构负责提出需求、目标，提供知识、数据、算力、网络等项目实施要求。

承建方：汇信科技负责设计、开发、测试、交付等工作，为需求方基于综合监管应用场景提供长期法律法规知识专家模型技术支持和服务。

运营方：汇信科技负责运行监控、故障处理、安全保障、新政策知识模型训练、系统升级等，保证专家模型产品精准、严谨、先进。

特点：需求方仅需首次投入一定建设成本，提供本地差异化政策数据进行模型调校，支持项目一次性交付制或年费运营两种交付模式，无论任何模式，项目资产均属于需求方。

（2）运营服务模式

在提供需求、本地差异化知识及数据、网络等服务要求的条件下，按年度运营费购买模型运营服务。

运营方：汇信科技负责运行监控、故障处理、安全保障、新知识训练、系统升级等，保障大模型产品稳定运行。

特点：客户无须一次性投入较大建设成本，前期投资建设由服务提供方完成，对应项目资产属于服务提供方，客户方在一定年限内按年度购买服务提供方提供的系统服务和人员服务。

2. 组织管理

为确保项目高效推进，由地方政府组织成立法律法规知识大模型项目领导小组，相关业务部门牵头联合建设实施单位、地方智慧治理中心、当地管委会等相关单位参加，各相关单位成立对应的领导机构。

领导小组牵头统筹协调项目建设工作，完成项目评审、项目招标、平台主体建设、重点应用建设等工作；协调解决有关重要事项，提出指导意见，以保障项目顺利实施。

地方政府相关执法部门作为具体执行和管理单位，汇信科技作为项目承建方。

（四）建议

1. 数据治理

建立数据质量监控和更新管理机制，确保政策知识的准确性和完整性。

2. 多领域方法融合

深度融合业务、算法、工程和建模领域，特别是知识库模型的构建。

3. 加强技术保障

投入资源进行系统维护和优化，建立备份和恢复机制。

4. 宣传与培训

通过线上线下相结合的方式，对政府工作人员进行指导和培训。

5. 法律审核

设置专门的法律审核团队，确保智能客服的回答遵守法律法规。

第十五章 启明星辰“安星智能体”智慧防御守护网络安全

一、案例概要

（一）项目基本情况

随着智慧城市和数字政府建设不断深入，云计算、大数据中心建设加快推进，城市信息化建设项目数量呈逐年上升态势，管理过程暴露新的问题，在信息基础设施的统筹和信息资源共享上也出现了新的要求。为确保某市政务信息化各业务系统的安全、稳定和可靠运行，加强信息化运维工作，市政务服务和数据管理局按照统一运维的要求，逐步推动全市政务信息化项目的集中运行维护管理。某市政务信息化项目统筹运维实施已有两年，通过贯彻执行标准化的运维流程，实施集中化管理，取得了显著的运维效果，提升了整体运维效率。

安星智能体拥有安全垂直领域大小模型自主协同技术体系，将启明星辰信息技术集团深厚的安全产品能力和 AI 专项安全小模型叠加，与大模型强大的意图理解和推理能力进行融合，构建了由安全大模型驱动的全场景安全智能化运营解决方案，能够提高安全运营的效率，降低安全运营技术门槛，实现一句话驱动安全产品和专项安全模型，执行安全运营任务。

（二）项目亮点

1. 智能运营

基于成熟的自然语言处理模型，整合网络安全术语，实现自然语言交互，能够快速实现数据分析，帮助用户快速了解安全告警、风险资产、风险用户等综合态势，提升安全运营效率。通过智能运营任务处理安全运营日常工作，工作进展透明可见，协助用户跟踪闭环。

2. 集中调度

支持网络安全常见的多品牌、多类型安全产品的调度，实现对安全运营任务的编排和调度执行，解决安全能力“烟囱”式隔离，形成安全能力中心，实现集中调度，助力安全运营效率提升。

3. 自动化响应

安星智能体一旦发现安全威胁，会立即触发预设的响应动作，包括但不限于策略变更、调用动作、调用工单、调用处置剧本等操作，能够快速响应海量安全运营任务，实现自动化安全运营，提升安全运营响应效率。基于 AI 算法，智能推荐处置流程，还可实现一键处置。

4. 协同指挥

安星智能体通过“作战室”统一协同调度（人、工具、流程），整合应用、剧本和应对措施，针对重要事项，以聊天运营的方式进行实时沟通与响应处置，并能生成“作战报告”，便于复盘和总结提升。

5. 知识赋能

安星智能体微调、训练网络安全专业知识，提供准确、易懂的答案和建议，范围包括但不限于网络安全基础知识、防护措施、法律法规解读等内容。安星智能体能够缩小运营人员经验和技能差距，提升整体作战实力。

6. 昼夜值守

7×24 小时全天候不间断安全运营值守，以逸待劳扭转攻防不利局面，减少人力投入，降低人力成本。

（三）项目特点

1. 首次将网络安全大模型与安全运维相结合

通过部署安全大模型，对接政务外网安全运维中心的流量、日志、代码等数据，进行预训练，形成流量理解能力、代码理解能力、攻防对抗理解能力和安全常识理解能力，实现资产漏洞治理、威胁检测发现、告警事件闭环、处置调查、总结汇报等能力提升。

2. 网络安全大模型化解 AI 技术诱发的隐患

AI 大模型在图像识别、自然语言处理等关键技术领域取得了突破性进展，显著提升了社会生产效率和生活便捷性。然而，这也降低了黑客的攻击门槛和学习成本，使得政府网络安全面临前所未有的挑战。自动化攻击手段层出不穷，攻击方式多样化，告警事件的响应处理面临巨大压力。安星智能体采用自然语言交互技术，大幅降低操作难度，迅速完成数据分析任务。依托大小模型协同作业，高效进行 AI 研判与风险告警解读，增强研判分析的效能；借助智能响应技术，实现全天候的智能化处置与值守，有效提升网络安全防护能力。

3. 覆盖范围广，完整、统一、标准化运维

以往系统的运维工作往往由多家运维公司提供支撑，运维范围大而杂、运维工作相对分散，涉及多个公司的驻场人员管理，管理投入的成本和精力过多，大量重复的工作流程不利于提升工作质量和工作效率。安星智能体可实现运维机制一体化、运维资产一本账，提升运维效率，降低运维成本，增强系统稳定性，提高安全性，优化资源配置，促进团队协作，确保系统的稳定、安全和高效运行。项目覆盖某市委政法委、司法局、交通运输局、农业局、市场监督管理局等 26 家单位用户。

二、技术架构

安星智能体具备自然语言指令理解、安全数据分析和解读、安全运营任务智能决策和自动化执行等能力，是新一代智能安全运营的决策和控制核心，其技术架构如图 15-1 所示。

大小模型自主协同技术体系，将安全产品能力和 AI 专项安全小模型叠加，与大模型强大的意图理解和推理能力进行融合，构建了由安全大模型驱动的全场景安全智能化运营解决方案。

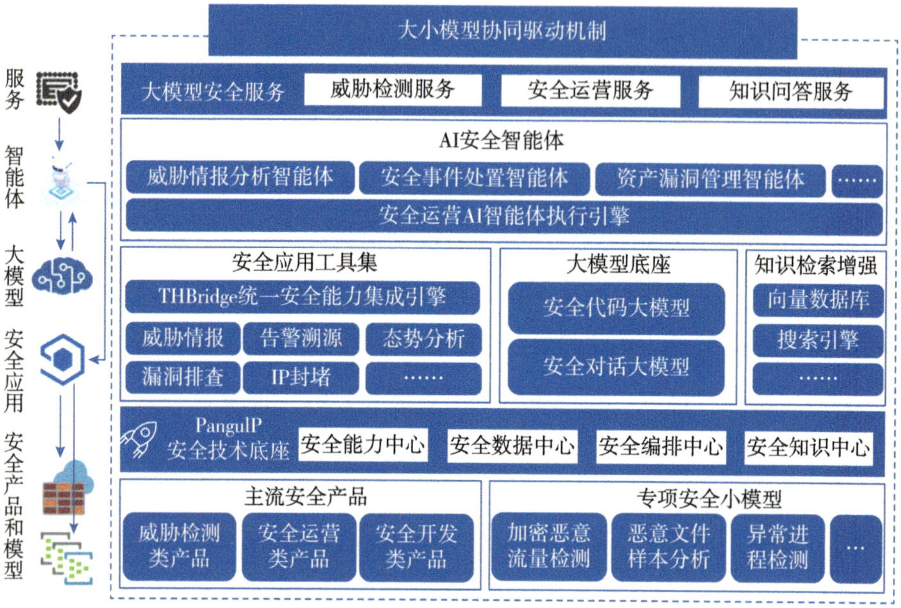

图 15-1　安星智能体的技术架构

资料来源：作者自制。

三、业务介绍

（一）业务对象

安星智能体服务于网络安全运维，业务对象包括但不限于以下两类。

1. 管理者

提供决策支持和数据驱动的洞察。

2. 安全运营人员

安全监测人员、安全分析人员、安全处置人员、运维人员等可通过网络安全大模型数据分析能力、告警研判能力、自动化流程提高工作效率。

（二）业务流程

定岗定责，责任到人，确保可验证、可追溯。安星智能体业务全面覆盖安全运营工作，贯穿安全监测、安全分析、安全处置、安全运维全流程（见图 15-2）。针对不同类型、不同等级的安全事件，明确监测、分析、响应、处置等流程，实现整体流程闭环可控。

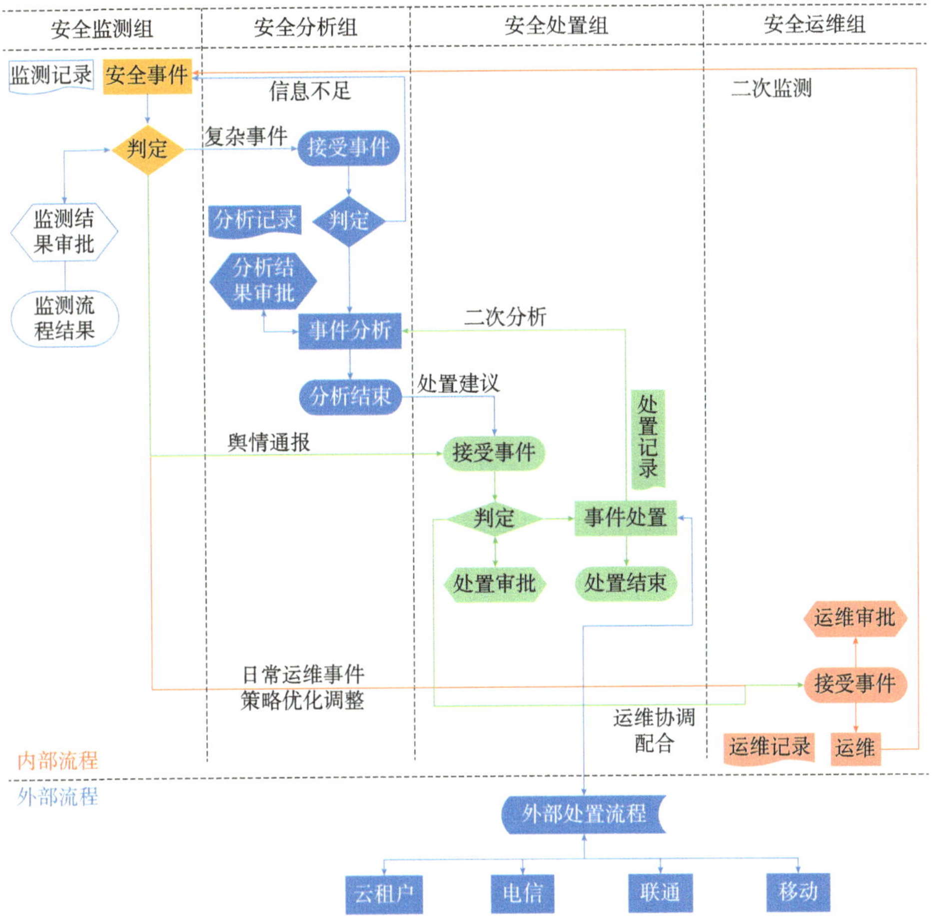

图 15-2 安星智能体的业务流程

资料来源：作者自制。

（三）典型应用场景

目前，安星智能体在某市政务安全运营的以下几个典型场景中取得了很好的效果。

1. 知识问答场景

用户提出关于网络安全的相关问题，安星智能体提供准确、易懂的答案和建议，包括网络安全基础知识、防护措施、法律法规解读等内容。网络安全知识问答能够提升用户对网络安全的认识，普及网络安全基础知识和最佳实践，帮助他们了解如何保护个人信息、识别网络威胁、采取预防措施以及在遭遇网络安全事件时如何应对。

2. 威胁分析场景

安星智能体通过接收安全信息和事件管理（SIEM）系统或网络安全设备的告警数据识别威胁。安全人员用自然语言的方式提交分析需求，包括日志解读、告警降噪、告警研判、追踪溯源等内容，盘小古安全运营助手能够快速展示数据，帮助用户快速了解安全告警、风险资产、风险用户等综合态势。

3. 安全生成场景

安星智能体生成威胁态势概览、安全事件详细分析报告等内容。威胁态势概览包含关键指标的仪表板，如威胁总数、分类统计、高危漏洞分布等，使管理者快速掌握整体安全状况。安全事件详细分析报告包含详细的事件复盘，包括攻击路径、影响范围、处置过程及结果，辅以时间线视图，便于深入理解和学习；同时，提供灵活的报告定制选项，根据用户需要确定报告的内容、格式、周期（如日、周、月报），以及特定关注点的深入分析。

4. 处置响应场景

安星智能体一旦发现安全威胁，立即触发预设的响应动作，包括但不限于策略变更、调用动作、调用工单、调用剧本。针对支持重复性、周期性的安全运营任务，盘小古安全运营助手已内置脆弱性处置、一键封堵处置、权限管理自动化、堡垒机绕行处置、钓鱼邮件处置、勒索病毒处理、失陷主机处理、挖矿病毒处理等上百种安全运营场景，盘小古安全运营助手也支持自定义处置响应场景，并自动化运行。

四、数据要素

1. 多类型威胁数据检测评估

支持多源多类型威胁数据汇聚、降噪，并对降噪后告警特征关联发现威胁事件，并分析威胁事件的涉及范围、形成原因、攻击者身份及风险评估等，支持基于自然语言形式解读攻击流量，分析攻击者攻击手法和意图等，通过全面的安全态势分析和安全大模型的能力发现未知威胁。

2. 自动化安全运营分析

支持告警事件自动化线索取证分析、统计分析、溯源分析、协助或主动封堵，能对安全设备进行控制等。支持对安全领域中文本数据的深入理解和处理能力，需准确地解析和分析与安全相关的文本信息，并根据上下文语句回应用户的需求。

五、场景推广

（一）适用场景类型

对于未建设安全运营平台者，安星智能体作为安全运营入口，能够提高安全运营的执行效率，大幅降低安全运营的技术门槛，实现一句话驱动安全产品和专项安全模型，执行安全运营任务。

已建设安全运营平台但能力待提高者，安星智能体可补充告警解读、知识问答、告警降噪、溯源分析、自动化处置等能力。

对于拥有技术创新实力、需跟随国家战略进行创新的建设者，安星智能体能够结合实际问题，提供技术研究，研发创新。

（二）项目支持条件

1. 政策条件

编制或完善相关支持政策，如某市政务信息化项目建设管理办法规定，该市政务服务和数据管理局应当按照统一运维的要求，加强对政务信息化项目运行维护的必要性和合理性的审核把关，分阶段、分领域、分类型逐步推动全市政务信息化项目的集中运行维护管理。

2. 硬件条件

建设必要的资源环境，包括高性能服务器、华为升腾 910B 芯片等。

3. 数据条件

需接入网络流量、日志、威胁情报等数据。针对告警降噪和攻击溯源场景，必须接入终端、文件创建类数据。常见终端管理工具（如 EDR 系统）具备此类数据。同时，安星智能体具备此类数据采集智能体。

4. 兼容性条件

安星智能体需要打通和汇聚各类安全分析平台、安全设备、网络设备，涉及多品牌、多类型设备的兼容性和协同工作能力，要确保数据流通顺畅和管理操作便捷。

（三）场景的组织管理

为确保项目的有效推进，由某市政务服务和数据管理局组织成立项目领导小组，相关业务部门牵头，联合成立实施单位。

领导小组牵头统筹协调项目建设工作，完成项目评审、项目招标、平台主体建设、重点应用建设等工作；协调解决有关重要事项，提出指导意见，以保障项目顺利实施。

该市政务服务和数据管理局作为具体执行和管理单位，启明星辰作为项目承建方。

（四）相关建议

1. 不同平台之间的对接和兼容

随着某市智慧城市和数字政府建设的深入实施和某市云计算、大数据中心建设的加快推进，该市各单位均建设了网络安全防护体系，网络安全分析平台、网络安全设备、网络设备分属不同公司、不同型号，这要求各建设单位能够协同网络安全厂商提供数据对接、设备联动的支持。

2. 平台业务与不同部门间协调

安星智能体业务涵盖安全监测、安全分析、响应处置等，涉及多部门的工作职责，涉及领域广泛且复杂。这要求政府部门和建设方在设计和实施过程中要考虑各个业务的真实需求和特殊性，确保每个方面都能得到充分的覆盖和高效的管理。

3. 典型问题的应对思路

（1）协调平台对接多种需求

面对各单位已建设的安全分析平台、安全设备、网络设备的数据对接和设备联动需求，安星智能体支持 Syslog、Kafka 等标准数据对接方式，支持 API 接口联动网络安全设备，提升整体的管理效率和响应速度。

（2）缓解硬件性能不足

安星智能体需有高性能服务器和 GPU 算力支持，中国移动具备算力提供能力。

（3）智能问答的准确性和全面性

安星智能体旁挂本地知识库，利用向量库实现本地知识的智能问答。同时，支持互联网搜索知识，实现智能问答。

（4）风险管理

设计模型时，考虑到公平性和可解释性，要避免算法歧视。确保模型符合当地法律法规，特别是关于数据保护和个人隐私的规定。建立模型审计机制，定期评估模型的表现并进行必要的调整。

第十六章 瑞莱智慧“政策大模型”助力政策“研究—制定—触达”质效提升

一、案例概要

（一）基本情况

北京瑞莱智慧科技有限公司（简称瑞莱智慧）成立于 2018 年 7 月，是由清华大学人工智能研究院孵化的人工智能创新企业。公司聚焦人工智能安全和垂类大模型应用，深耕安全、可信、可靠和可拓展的第三代人工智能，赋能新质生产力建设。

其中，垂类大模型应用领域，攻坚探索垂类大模型在严肃生产场景中的应用。为解决政策领域政策不好找、政策不好管、政策不好理解、政策不好写等相关难题，瑞莱智慧支撑北京市政务服务和数据管理局研发完成政策大模型，已于 2024 年 1 月在北京市一体化政策服务平台（“京策”）正式上线应用。

该政策大模型涵盖政策检索、政策储备库、政策分析、政策预制、政策词典以及政策画像等功能，实现政策的闭环管理，助力政府部门提升政策制定和管理的质量和效率，助力政府治理能力提升。

（二）项目亮点

1. 面向政策场景的模型专项训练增强

使用亿级 token 数据对模型进行训练增强，从而达到政策分析、政策撰写等基础能力要求，如阅读理解、写作生成、角色扮演、语言风格模仿、可控生成等。

2. 交互式多层次检索框架

在政务场景下，专业词汇中蕴含了海量的专业知识，通用的关键词检索或语义检索的效果无法满足要求。因此，设计交互式多层级检索框架，结合语义检索、关键词检索、多路召回与精排等技术方案，提升检索效果。

3. 全链条应用可控能力建设

设计和建设了模型安全增强、模型可控生成等安全能力，保证了数据处理、人机交互、检索召回、模型回答、模型生成等全链条的安全可控。

4. 基于政策场景的语义文本相似度评估方法

在政务场景下，文本的相似度与通用场景下存在明显不同。通过设计专门面向政策场景的文本相似度策略，满足政策检索需求。

5. 大模型辅助理解的政策语料处理

充分利用大模型的理解能力，对政策性文件语料进行具备专业理解的预处理，经过专家二次矫正后，获得多维度、全方位的政策画像结构化数据，从而对政策管理、政策分析、政策研究、政策触达等环节提供帮助。

（三）项目特点

1. 人机协同可持续运营机制

（1）能力可运营

设计“政策词典”，涵盖专业词汇的定义、同 / 近义词、内容分类标准等关键信息。政策专家可在系统中交互式更新词典中的业务知识和专业经验，确保模型始终具备最新解读能力。

（2）模型可运营

设计评价机制收集用户对生成内容的反馈，根据反馈对模型进行微调，持续优化模型的生成能力。

（3）知识可运营

设计高效人机交互，只需在页面进行简单的知识库维护，无须改动代码，即可实现较好的应用效果，降低调试成本。

2. 高准确、高性能的检索

提出基于场景的语义文本相似度评估方法及交互式多层次检索框架，可以大幅度增强大模型的知识获取与处理能力。

3. 面向政策场景的模型专项训练增强和效果评测

（1）模型训练

持续收集训练语料，通过模型训练提升政策应用助手的多维度能力。

（2）模型应用效果评测

构建评测集，从多个维度评价模型能力，指导模型迭代方向。

二、技术架构

瑞莱智慧针对政策领域，以优质的工程化能力为支撑，以多技术组件搭建的领域增强大模型为基础，结合可靠全面的数据基础设施和人机协同的产品运营机制，搭建了包含政策管理、政策研究、政策起草、政策画像等应用模块，打造垂类大模型时代的政策原生应用，提供政务领域专属大模型解决方案（见图 16-1）。

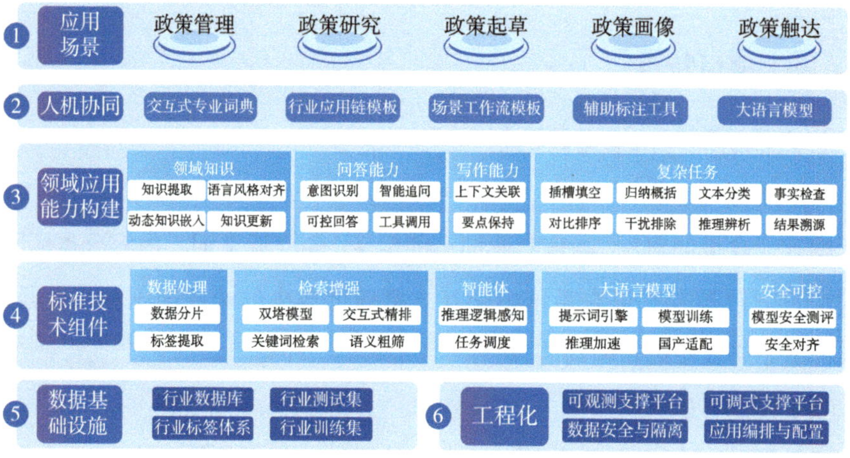

图 16-1　瑞莱智慧政策大模型的技术架构

资料来源：作者自制。

应用场景：包括政策管理、政策研究、政策起草、政策画像、政策触达等。

人机协同：交互式专业词典、行业应用链模板、场景工作流模板等人机交互功能。

领域应用能力构建：采用政策语料处理、模型专项训练增强、语义文本相似度评估、交互式多层次检索框架、全链条应用可控能力建设等方法，实现大模型在领域知识、回答能力、写作能力、复杂任务方面的能力提升。

硬件设施：包括标准技术组件、数据基础设施和工程化三部分。在硬件方面，需增加自主可控方面的考量，与多家国产算力厂商进行合作，并完成适配。

三、业务介绍

（一）业务对象

业务对象包括但不限于以下群体。

公务人员：打造政策全生命周期管理平台，辅助政府用户工作。同时，利用垂类大模型能力拓展赋能公文管理、舆情研判等场景。

企业人员：打造行业政策、企业资讯、智能问答等信息管理平台，辅助开展政策分析、资料撰写、经营分析、知识问答、智能客服等工作。

科研人员：打造科研知识库，辅助科研工作者从国家、地区、行业等不同维度对研究领域进行横向、纵向对比，并输出研究报告。

（二）业务流程

政策大模型的具体功能包括政策检索、政策储备库、政策分析、政策预制、政策词典、我的政策库等。

政策检索：专业的政策搜索引擎，采用公开政策清洗后入库，对政策排序。

政策储备库：政策储备库汇集了各类政策资料，为政策分析提供政策内容，支持按照标签类别、添加时间、发布时间、信息来源进行检索。

政策分析：一是智能问答分析。支持自然语言问答的方式，通过大模型的文本理解和总结能力，可对政策文件进行归纳、提炼、分析，给出分析结果并附带来源信息。二是表格工具分析。用户可以将政策储备库中的多个不同条款加入分析任务，系统提供 AI 助手功能，可对这些条款进行多维度对比分析。

政策预制：通过大模型能力实现政策文本的智能化生成，内容默认遵循公文格式。用户可以在线对生成的文本进行实时编辑，包括对段落内容的润色和扩写，让起草过程更加高效便捷。

政策词典：用于收录政策领域专业词汇，为大模型理解和处理政策文本提供支持，当用户更新扩展词典后，模型进行政策检索和分析问答的效果会得到进一步提升。

我的政策库：支持用户将政策库中没有的政策添加至“我的政策库”，用户的政策库相互独立，添加或者删除政策不会影响其他用户的检索、分析和预制效果。

（三）典型应用场景举例

1. 政策检索

政策检索为用户提供政策文件查询服务。用户通过自然语言问答的方式，通过语义和关键词检索出具有可靠来源的政策文件，帮助用户快速缩小政策范围，找到关键政策参考。

2. 政策研究

通过集成专业政策研究方法论，对问题定位、政策目标制定、目标拆分、分工协作、工具选取等工作环节进行深入研究。大模型技术可以扩充人类阅读限制下的知识容量，快速发现更多潜在规律。

3. 政策起草

政策大模型通过一系列人机协同的技术设计，引入专家知识，增强政策起草的针对性，是大模型原生应用的标杆场景。政策起草对应政策大模型中的“政策预制”功能和“内容加工”功能。

4. 政策画像

构建政策的全方位画像，包括政策分类标签和政策关键信息要素。采用“大模型辅助＋人工校准”的方式，对政策全文和条款进行标准化和要素提取。

5. 政策触达

面向政策受众的“千人千面”“千企千面”，触达形式包括订阅、推送、咨询等“政策找人”和“人找政策”形式，构建政策与企业、群众需求之间的桥梁。咨询场景中，政策触达主要靠交互式多轮对话功能实现。

四、数据要素

1. 数据来源

基于 14 万余篇公开政策构建了政策库，并进行了多步骤、全方位的数据治理，具有主题广泛、覆盖全面、要素齐全、简洁易用等特点。

2. 数据利用

充分利用大模型的理解能力，对政策性文件语料进行专业预处理，经过专家二次矫正后，获得多维度、全方位的政策画像结构化数据，从而对政策管理、政策分析、政策研究、政策触达等环节的语义理解提供帮助。

3. 数据安全

瑞莱智慧设计和建设了模型安全增强、模型可控生成等安全能力，确保数据处理、人机交互、检索召回、模型回答、模型生成等全链条的数据安全可控。

4. 数据使用中的挑战

需要持续收集并训练语料，通过模型训练提升政策大模型的多维度能力。例如，分别针对阅读理解数据、复杂指令数据、角色扮演数据、写作数据、无害数据等进行训练，提升模型效果。

五、组织实施条件

（一）案例适用场景

1. 政策管理效率痛点

传统政策管理往往依赖人工进行大量政策文件及相关数据的搜集、整理和分析，这一过程烦琐且耗时，导致效率降低。

2. 信息参考范围痛点

政策制定需要广泛而深入的信息支持，传统方式下，信息收集受限于人力、时间和资源，难以覆盖所有相关领域和国内外最新研究成果。

3. 专家经验共享痛点

政策制定涉及多个专业领域的知识和经验，专家资源分布不均、交流机会有限，导致宝贵经验难以有效传递和整合。

4. 政策起草撰写痛点

政策起草需要对多个相关政策进行横向、纵向比对，结合当前最新要求进行撰写，考验起草人员的政策研究能力和写作能力。

（二）案例适用需具备的条件

可以直接采购政策大模型产品标品，或者进行定制化开发。进行定制化开发需具备以下条件（结合实际业务需求而定）。

1. 数据条件

提供主题数据，接入权威来源的新闻报道、政策解读、市场信息等相关数据，用于确保训练语料和生成内容的质量。

2. 组织条件

组织业务专家对政策大模型的具体使用场景、希望达成的个性化功能等进行深入探讨，同时进行试用反馈，推动算法和流程优化。

3. 硬件条件

硬件推荐配置为 GPU 单机 8 卡 V100、8×32 显存、96 核、1T 内存、1T SSD 系统盘、10T 存储盘，实际配置根据具体数据量、用户数、使用规模进行评估。

（三）场景组织与管理

可以直接采购政策大模型产品标品，或者进行定制化开发。进行定制化开发的场景组织与管理情况如下（结合实际业务需求而定）。

1. 商业模式

（1）项目建设与交付模式

一是由项目需求方确定业务场景需求，双方商讨政策大模型技术方案。二是根据业务需求接入主题数据，优化算法和使用流程。三是研发完成符合项目需求的政策大模型，交付试用。四是基于使用反馈不断进行版本迭代。

（2）购买服务模式

一是私有化部署一次性交付模式，一次性交付永久使用权，系统运行在客户自建或托管的云环境，适用于对数据安全和隐私有高要求的客户。二是公有云订阅模式，系统运行在瑞莱智慧服务器，对客户按年按账户收费。

2. 组织管理

由需求方作为项目主导方组织成立专项工作小组，按照产品研发和部署全周期工作需求进行组织管理。一是由业务专家重点对业务细分场景和流程设计进行商讨推进；二是由数据部门提供大模型产品训练语料，不断提升数据质量；三是由技术部门提供硬件设施保障；四是产品上线试用后，建立常态化问题反馈和处置机制，确保产品使用成效。

（四）建议

1. 面向政府部门的主要建议

政府部门作为政策大模型主要使用主体，对其的建议主要包括以下几方面：一是依托政策大模型能力，升级政策制定、政策管理、政策研究等内部政务体系能力；二是依托垂类大模型能力，面向公众升级政策智能问答（如12345 热线）等服务；三是迁移运用垂类大模型能力，赋能公文管理、舆情管理等场景，全面实现人工智能最新技术对政务领域的新质生产力构建。

2. 面向非政府部门的主要建议

政策大模型是垂类大模型赋能严肃场景应用的一次成功实践，其能力可迁移至诸多业务场景。建议非政府部门用户充分运用垂类大模型能力，深度挖掘业务场景需求，实现工作质效提升。例如，依托大模型能力开展智能化业务平台系统建设，以及进行财务分析、报告撰写、人事管理等工作。

第十七章 奇安信“QAX-GPT 安全机器人”助力长沙数字城市安全运行

一、案例概要

（一）项目基本情况

2018 年 12 月，长沙市发布“一园一院四中心”的网络安全产业发展规划，并启动国家网络安全产业园区申报工作。2019 年 7 月，长沙市人民政府办公厅正式发布《长沙市人民政府办公厅关于印发长沙市加快网络安全产业发展三年（2019—2021 年）行动计划和若干政策的通知》。2019 年 12 月，长沙获批国家网络安全产业园区（长沙），并达成与奇安信科技集团股份有限公司（简称奇安信）合作共建城市网络安全运营中心意向。2020 年 6 月，国家网络安全产业园区（长沙）揭牌，奇安星城网络安全技术（湖南）有限公司（简称奇安星城）注册成立，城市网络安全运营中心筹建工作正式启动。2021 年 1 月，湖南省工业和信息化厅正式批复由奇安星城承建国家网络安全产业园区（长沙）城市网络安全运营中心。

长沙数字城市网络安全运营中心构建城市一级、行业二级、政企单位三级的城市三级联动网络安全应急指挥与运营服务机制，依托星城安全运营平台实现安全数据和服务资源的统一管理和调度，为长沙市数字政府、公共服务、关键基础设施等数字城市业务安全运行提供一体化网络安全运营保障。建成大数据集群服务器近 100 台，部署安全探针 122 台（套），日均接收各类原始日志数据 120 亿条，处理网络安全告警近 1000 万起。

2024 年 3 月，历经多年的沉淀、积累与突破，奇安信推出基于国内首个企业级可交付的安全行业大模型（QAX-GPT）的安全机器人应用产品。该产品在长沙数字城市网络安全运营中心投入应用，成效显著，极大地提升了安全运营效率，使安全防护更加精准高效，同时有效降低了运营成本。

（二）项目亮点

1. 促升级

QAX-GPT 安全机器人充分发挥大语言模型强大的自然语言能力和逻辑推理能力，为网络安全运营带来了革命性转变。它将以往人员密集型的传统网络安全运营模式成功升级为面向未来、具有高度成长性的智能安全运营体系。通过引入先进的技术手段，QAX-GPT 安全机器人能够更加高效地处理海量的安全数据，精准地识别潜在的安全风险。

2. 提效率

QAX-GPT 安全机器人以其 7×24 小时不间断的智能告警研判功能，成为安全专家的得力助手。它能够快速、准确地分析各种安全告警信息，让安全专家无须再花费大量时间进行烦琐的研判工作，只需快速查看机器人的研判结果，安全专家即可轻松完成数十倍于之前的告警研判任务，大大提高了工作效率，确保安全问题能够得到及时有效的处理。

3. 增产能

QAX-GPT 安全机器人凭借自动、精准、智能的分析研判能力，为安全专家节省了更多的时间和精力。它能够快速准确地识别安全问题，让安全专家可以专注于高价值复杂任务，从而发现更多潜在的安全隐患。同时，QAX-GPT 安全机器人还能充分发挥已建设的安全体系能力，进一步提升安全防护水平，让业务运行更加安心。通过优化资源配置，QAX-GPT 安全机器人有效提高了安全团队的整体产能。

（三）项目特点

1. 智能研判

QAX-GPT 安全机器人 7×24 小时全年全天候研判告警，综合研判效率是人类的 60 倍。常见告警不再需人工盯屏：QAX-GPT 安全机器人每天可研判 35000 条告警，研判数量是人类分析师的 30 倍；单一告警的平均处理时间减少98%；研判漏报率仅为0.5%；研判误报率不到人类分析师的一半。

2. 智能调查

QAX-GPT安全机器人与之前建成的安全运营平台紧密集成，可以赋能安全运营平台适用不同的场景：自动聚合上下文告警和日志；自动结合资产、漏洞、网络评估影响面；自动完成调查取证、事件定性；自动计算出需要处置的对象；自动找到威胁发生的前因后果，梳理出来龙去脉，并绘制出攻击路线图；让更多的普通分析师找得到、看得懂。

3. 智能响应

QAX-GPT安全机器人像人类专家一样在工作，不仅可以知道在不同的场景下执行什么剧本、去调哪个接口、读取什么数据、下发什么指令，还比人类专家做得更快。实现安全运营高效闭环，处理时间从过去的一天缩短到分钟级甚至秒级，支持190余种外部系统和应用以及1000余种响应指令的下发，实现响应闭环效率大幅提升。

二、技术架构

QAX-GPT安全机器人的技术架构如图17-1所示。

1. 业务层

QAX-GPT机器人对外提供服务的最外层，主要包括：智能研判、智能调查、智能任务、智能问答、智能报告等。

2. 智能代理层

QAX-GPT安全机器人的核心组件封装底层大模型能力，并给业务层服务提供调用接口，支撑各个业务的智能场景。在智能代理层预置了很多工具，以加强安全机器人的能力。

3. 模型服务层

核心安全大模型服务通过推理加速框架、负载均衡框架，充分利用GPU资源进行推理。

4. 数据平台层

主要数据存储组件层包括关系型数据库、缓存数据库、文档型数据库。

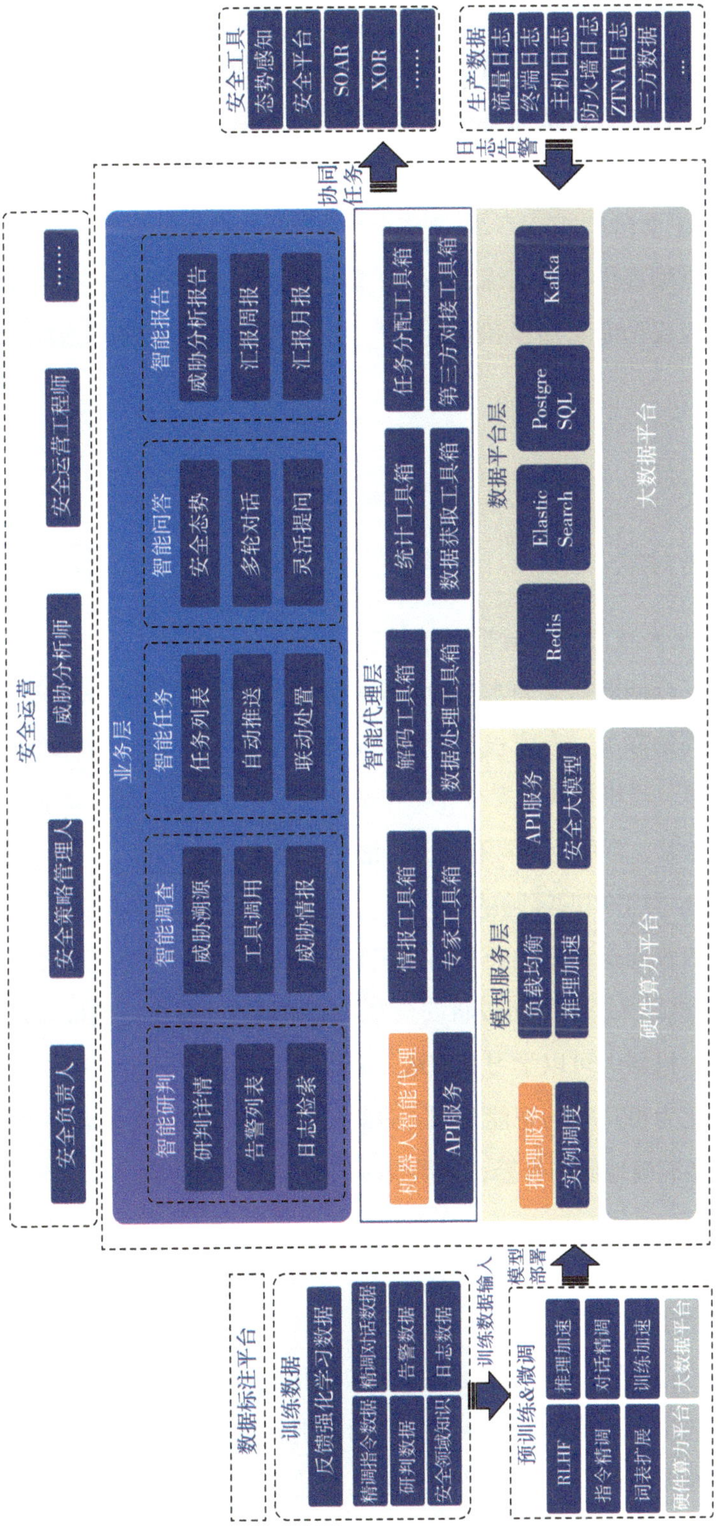

图 17-1 QAX-GPT 安全机器人技术架构

资料来源：作者自制。

5. 大数据平台

奇安信自主研发的星海、诺亚大数据平台，提供消息队列中间件以及各种分布式计算存储组件，从而支持整体系统的大量数据存储以及对内对外的大量数据处理。

6. 数据标注平台

给安全大模型提供数据训练的平台，训练数据包括奇安信自有的安全大数据、对齐高级安全专家知识和经验的人工标注数据集，以及自然社会科学通识数据。

三、业务介绍

（一）业务对象

1. 需要专业人才常态化分析威胁的机构

解决复杂安全问题需要高水平的安全专家，然而安全是一个知识、技术和经验门槛很高的领域，专家极其稀缺，高水平人才更是难以快速培养，知识经验难以传递。当机构缺乏安全专家作威胁分析时，QAX-GPT 安全机器人能够替代安全专家，帮助企业常态化分析潜在的网络威胁。

2. 需要沉淀员工知识经验的机构

许多机构依赖安全专家的经验和知识来研判告警和应对安全事件，通过 QAX-GPT 安全机器人，公司可以将安全专家的知识和经验沉淀到机器人的算法和数据库中。机器人可以学习和理解专家的决策过程、分析方法和安全策略，并将其转化为可执行的智能模型。这样一来，即使安全专家离职或不在场，机器人仍能准确地研判告警，提供及时的响应和解决方案。

（二）业务流程

1. 赋能安全运营平台

QAX-GPT 安全机器人从安全运营平台自动接收、分析和处理大量的告警信息。智能筛选出高价值的告警信息，自动甄别和过滤掉噪声告警，大幅减少告警疲劳，帮助团队专注于最紧急和最具威胁的事件。将告警信息进行智能研判，基于历史数据、行业威胁情报和实时检测的结果提供深度分析，并通过智能问答功能为安全运营团队提供具体的应对建议，加快决策流程。

QAX-GPT 安全机器人自动化处理重复任务，如常规的威胁研判、日志分析等操作，将人员从烦琐的重复性工作中解放出来，聚焦更高价值的工作任务。此外，QAX-GPT 安全机器人还能通过智能任务分配系统优化事件处理流程，确保每个告警都能被迅速且合理地分配到合适的团队成员处置，提升整体运营效率（见图 17-2）。

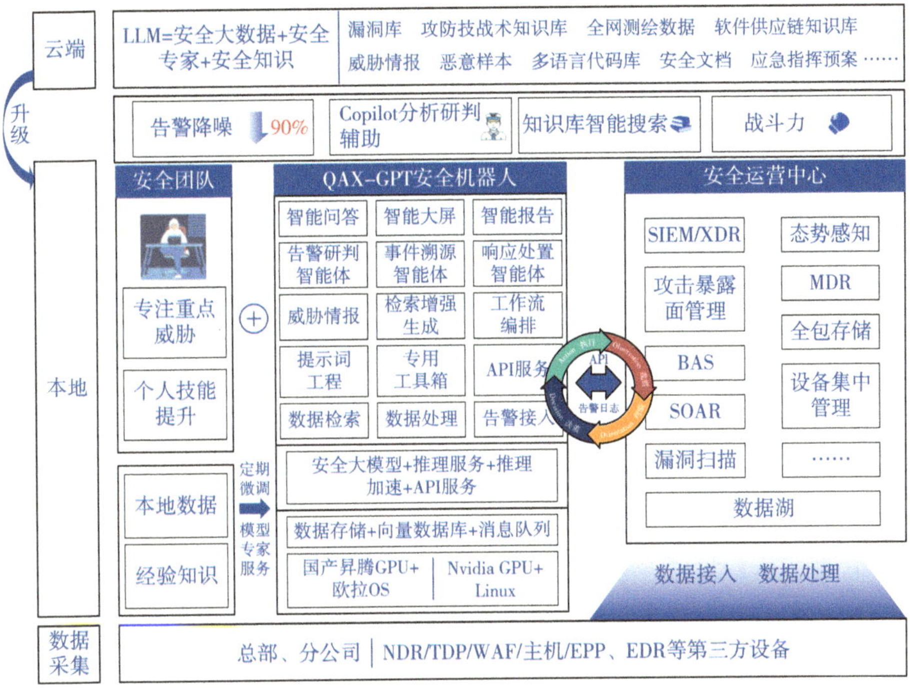

图 17-2 QAX-GPT 安全机器人赋能安全运营中心逻辑

资料来源：作者自制。

2. 打造“人机混编”安全运营新模式

在传统模式下，安全运营团队主要依靠人工监测和处理告警。首先，安全监测团队人工盯屏，24 小时监控告警信息，当有告警触发后，告警信息会传递给安全分析团队，由他们分析事件的严重性。其次，若问题比较复杂，需要通过与安全专家反复沟通，进一步确认威胁和潜在影响。最后，分析结果会交给安全处置团队，他们根据这些信息生成应对措施，并建议如何处理。

这时还涉及多个部门的协调，需要经过多轮沟通，最终才能实施解决方案。这个流程不仅耗时长，而且在高频告警情况下容易导致人工疲劳，效率受限。

在“人机混编”模式下，流程得到了大幅优化。机器人承担了 7×24 小时的实时监测任务，替代了传统模式下人工盯屏的繁重工作。机器人通过智能化技术，能够自动甄别和筛选告警，并将告警信息传递给安全分析团队。同时，机器人具备自动研判的能力，能够在告警发生的初期就提供初步的风险判断，显著减少了安全分析团队的工作量（见图 17-3）。

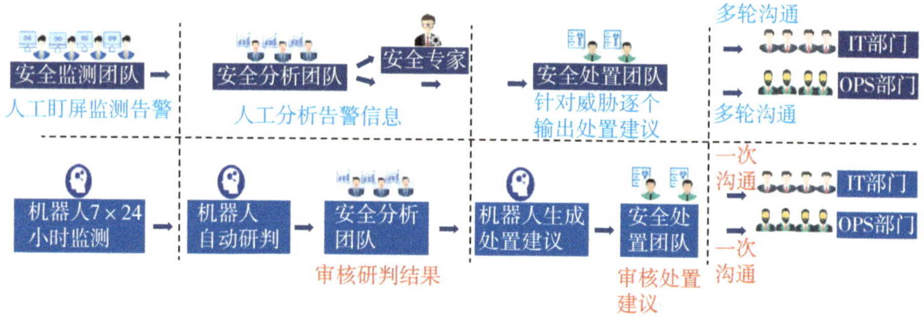

图 17-3 “人机混编”模式流程

资料来源：作者自制。

（三）典型应用场景举例

1. 减少告警疲劳

QAX-GPT 安全机器人赋能安全运营平台，自动过滤大量告警信息，输出高价值的告警信息。这一功能特别适用于告警疲劳的场景。

2. 突破效率瓶颈

QAX-GPT 安全机器人能够自动化处理重复性任务，可以释放团队的人力资源，使其能够专注于复杂和高价值的事件响应。

3. 缓解专家稀缺

QAX-GPT 安全机器人大幅降低了对安全专家的依赖，解决了安全行业中专家资源稀缺的问题。

四、数据要素

1. 数据来源

在构建一个强大而有效的大模型时，数据是最关键的基石。至少需要四大类安全大数据，分别是：安全日志类数据、安全文档类数据、安全情报类数据及安全知识库数据。

2. 数据安全

需要重视从大模型开发到运行全流程中的安全保障，通过一系列安全措施来保障模型及其数据的安全。

在模型开发阶段，关键安全措施包括使用标注系统来管理微调和训练数据。同时，建立专门的训练数据存储区域，配备严格的数据安全策略，可以有效地保护敏感数据的安全，避免外泄。此外，通过构建统一的模型训练系统，确保所有训练数据的使用都符合既定的安全规范。

在模型验证和部署过程中，需要对模型及其推理环境中的关键数据进行加密处理，防止攻击者通过反向工程等手段获取模型或数据。此外，通过生成内容监控功能，对模型生成的输出进行实时监控，确保其输出符合安全规定，避免产生不良内容。

在扩展和运行阶段，需要进一步加强对云原生环境的安全防护体系，确保模型及其数据在云上运行时的安全性。此外，需要建立智能体行为监控体系，能够实时追踪模型的行为，并对异常行为进行及时警示和纠正。

五、组织实施条件

（一）案例适用场景

1. 告警太多，处理困难

政府机构常常面临告警数量过多的问题，这在实际操作中表现得尤为明显。例如，当政府机构的安全运营人员看到系统上显示有超过一万条告警时，会感觉几乎是难以处理的。

2. 风险研判和跨部门协同工作量大

政府机构面临风险研判、处置以及跨部门协同的工作量大，安全运营人员常常需要在几小时内完成上级通报的告警研判、调查处置，并提出整改方案，向上级汇报。

3. 战时与平时专家配置差距大

政府机构在战时（攻防演练时）和平时的专家配置天差地别。在战时，有来自不同厂家的安全专家指导；但在平时的安全运营操作中，缺少这样的专家支持。

（二）案例适用需具备的条件

1. 数据条件

城市政府机构的安全运营数据能够集中，包括各种类型的告警数据、日志数据、资产数据、漏洞数据等，数据质量较高。

2. 组织条件

有牵头的主管部门，能够组织各政府机构协同工作，确保数据收集、分析、调查、响应、通报等工作的顺畅进行。

3. 信息化条件

计算资源：具备大数据平台处理安全数据，具备用于大模型推理的服务器，成本合理。

存储设施：能够存储大量的安全数据。

网络基础设施：保证数据的高速传输，提供稳定的网络连接。

（三）场景的组织管理

1. 城市安全运营业务模式

通过地方政府的战略指引，网络安全企业与当地国有企业共同出资成立合资公司，由合资公司出资建设城市级网络安全运营平台和技术团队，直接面向网信、公安、政务中的一个或者多个单位提供安全监管和运营服务。

2. 城市安全运营业务模式的优势

合资公司可充分发挥其宏观调控和协调沟通作用，以消除各部门各单位各自为政、重复建设、资源浪费、“安全孤岛”、碎片化、离散化现象，通过安全运营中枢，充分发挥网络安全数据的汇聚、整合、分享的效能，构建城市整体网络安全防护体系，保障数字城市安全。

（四）相关建议

1. 数据治理

城市政府部门应建立网络安全数据质量监控和提升机制，持续优化数据的准确性和完整性。

2. 融合发展

城市政府部门和建设单位需要对网络安全运营场景、算法、算力、平台和人才领域进行深度融合发展，共同提升在这 5 个领域的认知和能力，这对保证网络安全大模型的效果至关重要。

3. 技术保障

城市政府部门和建设单位需要投入资源进行系统的建设和运行维护，建立标准化的技术操作流程。

4. 宣传推广

通过宣传和培训，让各政府机构和企事业单位对城市网络安全运营中心使用人工智能大模型技术助力城市网络安全有更多的了解和更高的接受度。

后 记

我于2021年11月加入北京航空航天大学人文社会科学学院（公共管理学院），参与公共管理系统工程实验室和公共管理学科的建设工作。2022年，在学院的支持下，我开设了《数字政府与数字治理》专业课程，坚持把一线的数字政府建设实践带入课堂，受到了北京航空航天大学学子的欢迎。非常感谢学校和学院提供的平台，让我能够在教学科研工作中延续之前的兴趣，这也正是本书所关注的领域。

2019年，我从中国科学院大学毕业，进入清华大学公共管理学院从事博士后研究，合作导师为薛澜教授和梁正教授。同时，平台经济正在蓬勃发展，人工智能对各行各业的颠覆性影响逐步显现，由此涌现出了很多新的治理问题。在此背景下，国家新一代人工智能治理专业委员会发布了《新一代人工智能治理原则——发展负责任的人工智能》。当时，薛澜教授作为中国公共政策与公共管理、科技创新政策、危机管理及全球治理领域的开拓者和领军人物，正在依托清华大学在人工智能与国际治理方面的已有积累和跨学科优势，筹建清华大学人工智能国际治理研究院，并围绕人工智能国际治理重大理论问题及政策需求开展研究。因此，导师建议我围绕人工智能对于公共治理的影响问题，开展相关的研究工作。于是，我从公共数据的治理入手，开始探究人工智能赋能公共服务的路径机制、转型策略和价值创造问题。自此，我一直把“数字政府与数字治理”作为自己重要的研究方向。

在我最开始进入“数字政府与数字治理”研究方向的时候，也经常感觉到困惑。这个领域纷繁复杂的研究议题涉及公共管理学、经济学、社会学、政治学、法学等不同学科，还与人工智能、数据科学等工程技术领域息息相关。我一时觉得无从下手，甚至一度怀疑这个方向的理论意义。在梁正教授的指导和支持下，我花了两年的时间调研了北京、上海、浙江、江苏等地的政府部门和技术企业，与一线的政府工作人员和工程师进行了上百次交流访谈。通过这个过程，我逐渐对人工智能如何应用于公共部门有了具体的认识和理解，并开始在这个领域发掘研究问题。在人工智能技术“火爆出圈”的背后，我逐渐开始冷静思考政府应该如何应用人工智能技术，并通过人工智能技术推进治理体系和治理能力现代化。回想这一路走过的时光，看似走了不少弯路，却收获了最真实的实践案例，让我具备了长期从事相关工作的底气。从那时起，我一直希望能够系统梳理人工智能在政府中应用的案例，出版一本既有理论色彩又能反映政府最新实践的著作，为和我有类似困惑的同仁提供一些启发。当然，我深知这个目标可能过于宏大，绝非一本书所能够达成。

本书凝结了本人及其工作组在数字政府与数字治理这一领域的总结和思考，希望本书的出版能够为推动政府数字化、智能化转型的学术研究贡献绵薄之力，为我国学者在开展“人工智能+政务服务与社会治理”研究时提供一些借鉴和思考，也希望有相同研究兴趣的学者或学生们在关注到这一议题的时候能够获得可供参照的案例。更重要的是，希望本书能够为有需要的政府部门、信息化管理部门、技术企业等数字政府建设的实践者提供一些有意义的理论借鉴和有启发的实践指引。

中国具有丰富的人工智能应用场景，人工智能在公共部门的应用形成了很多有价值的案例。我相信，立足中国数字政府建设实践的人工智能应用模式、影响因素和作用机制一定会成为中国公共管理自主知识体系的重要组成部分，其不但会丰富学术共同体对人工智能治理的理论认识，而且有助于讲好新时代中国故事，提高国家软实力和国际影响力。

特别感谢清华大学人工智能国际治理研究院薛澜教授、梁正教授的长期指导与支持。特别感谢之江智慧场景研究中心陶海青主任、复旦大学国际关系与公共事务学院郑磊教授为本书推荐并协调相关的案例。感谢各个案例提供方在案例选拔、观点凝练、分析写作等各个环节中细致、严谨的通力协作。感谢申红梅、李沁远、李鹤、林心仪、赵凯悦等同学在案例撰写中提供的帮助。

本书相关的研究工作获得新一代人工智能国家科技重大专项“新一代人工智能风险防范与治理手段研究”（2023ZD0121700），以及本人主持的教育部人文社会科学研究青年基金项目（22YJC630157）、北京市社会科学基金青年项目（23GLC049）和第九届中国科协青年人才托举工程项目（2023QNRC001）的资助支持，在此表示感谢。还要感谢中国发展出版社领导的策划和支持，感谢编辑细致认真的工作。

尽管我们希望展示中国在人工智能，特别是生成式人工智能应用于政府部门所带来的影响和挑战，也投入了很多精力去搜集案例、完善理论建构。但是，相关领域仍在蓬勃发展，一本书难以展示“人工智能＋政务服务与社会治理”的发展全貌。未来，我们将一如以既往汲取各界的意见建议，立足中国数字政府发展的现实和需要，不断完善相关研究工作。

最后，向那些为中国人工智能发展与国际治理事业作出贡献的学界前辈和实务工作者致以深深的敬意！

吴培熠

北京航空航天大学人文社会科学学院（公共管理学院）助理教授

2025 年 6 月